人文社科
高校学术研究论著丛刊

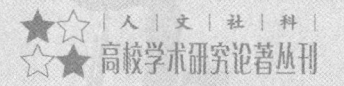

自主学习策略导向下的英语教学法研究

曾屹君 著

中国书籍出版社
China Book Press

图书在版编目(CIP)数据

自主学习策略导向下的英语教学法研究 / 曾屹君著
. -- 北京：中国书籍出版社，2021.9
　　ISBN 978-7-5068-8738-0

Ⅰ.①自… Ⅱ.①曾… Ⅲ.①英语-教学法-研究
Ⅳ.①H319.3

中国版本图书馆CIP数据核字（2021）第202576号

自主学习策略导向下的英语教学法研究

曾屹君　著

丛书策划	谭　鹏　武　斌
责任编辑	刘文利　成晓春
责任印制	孙马飞　马　芝
封面设计	马静静
出版发行	中国书籍出版社
地　　址	北京市丰台区三路居路97号（邮编：100073）
电　　话	（010）52257143（总编室）　（010）52257140（发行部）
电子邮箱	eo@chinabp.com.cn
经　　销	全国新华书店
印　　厂	三河市德贤弘印务有限公司
开　　本	710毫米×1000毫米　1/16
字　　数	237千字
印　　张	15
版　　次	2022年7月第1版
印　　次	2022年7月第1次印刷
书　　号	ISBN 978-7-5068-8738-0
定　　价	76.00元

版权所有　翻印必究

目　录

第一章　自主学习现状与发展

　　第一节　自主学习的定义与特征　　　　　　　　　　1
　　第二节　自主学习的理论依据　　　　　　　　　　　4
　　第三节　影响自主学习的因素　　　　　　　　　　　8
　　第四节　提倡英语自主学习的原因　　　　　　　　　15

第二章　英语教学法综述

　　第一节　英语教学法的定义与特点　　　　　　　　　17
　　第二节　英语教学法的学科体系　　　　　　　　　　24
　　第三节　英语教学法与相关学科的关系　　　　　　　25
　　第四节　英语教学中常用教学法　　　　　　　　　　27

第三章　自主学习策略导向下的英语词汇与语法教学法创新

　　第一节　英语词汇教学及其教学法创新　　　　　　　39
　　第二节　英语语法教学及其教学法创新　　　　　　　65

第四章　自主学习策略导向下的英语听说教学法创新

　　第一节　英语听力教学及其教学法创新　　　　　　　75

　　　　第二节　英语口语教学及其教学法创新　　　　　　　　　87

第五章　自主学习策略导向下的英语读写译教学法创新

　　　　第一节　英语阅读教学及其教学法创新　　　　　　　　　97
　　　　第二节　英语写作教学及其教学法创新　　　　　　　　　114
　　　　第三节　英语翻译教学及其教学法创新　　　　　　　　　136

第六章　自主学习策略导向下的英语文化教学法创新

　　　　第一节　英语 文化教学综述　　　　　　　　　　　　　141
　　　　第二节　英语文化教学法改革　　　　　　　　　　　　　166
　　　　第三节　提升英语文化自主学习能力的策略　　　　　　　173

第七章　自主学习策略导向下的英语教学评估

　　　　第一节　英语教学评估概述　　　　　　　　　　　　　　175
　　　　第二节　自主学习导向下的英语教学评估方法　　　　　　182

第八章　自主学习策略导向下的英语教学法新发展

　　　　第一节　开展分级教学培养自主学习能力　　　　　　　　199
　　　　第二节　利用现代教育技术培养自主学习能力　　　　　　204
　　　　第三节　采取个性化教学培养自主学习能力　　　　　　　220

参考文献　　　　　　　　　　　　　　　　　　　　　　　　　　227

第一章 自主学习现状与发展

当前，我们处于一个崭新的时代，这个时代的典型特征之一是文化全球化以及信息技术快速发展。在这样一个时代背景下，我们每一个人都需要养成终身学习的好习惯，如此才能让自己的知识时刻保持在更新状态，才能与社会的发展需求贴合，才不至于让自己的知识体系落后。那么，终身学习显然离不开自主学习这一习惯的支撑。自主学习的重要性是不言而喻的，只有主动学习、主动获取知识，才能在较短的时间内真正达到提升自我的目的。为此，本章作为全书开篇，首先对自主学习的现状与发展展开分析，涉及自主学习的定义、特征、理论依据、影响因素，以及提倡英语自主学习的原因。

第一节 自主学习的定义与特征

一、自主学习的定义

从本质上来说，自主学习是一种能力。具有自主学习能力的人必须具有独立性，善于进行批判性反思，敢于做出决策，并能独立采取行动。自主学习的能力将体现在学习者的学习方式中，也体现在学习者如何将所学内容应用于更广泛的语境中。

从一般意义上讲，自主性意味着一种相当程度的独立性。自主学习同样意味着学习者享有高度自由。但有一点必须指出，自主性所带来的自由并不是绝对的，它往往受到某些条件的限制。

人类的社会性导致我们的独立性和依赖性必须相辅相成，因此，从本质上说，人与人之间存在着一种相互依赖的关系。离群索居是辨别孤独症患者的特征之一，和自主性完全是两回事。患有孤独症的儿童有"严重的社交缺陷，缺乏双向交流能力"（Frith1989,p.57）。正常儿童所经历的发展性学习是在与父母、兄弟姐妹、祖父母、家庭朋友、邻居等的互动中进行的。教育是一种互动的交往过程，学校教育和非学校教育都是如此。我们大部分人都会记住自己重要的学习经历，其中一部分经历至少与他人或教师相关。而且，我们的自主学习能力可能是在与他人互动的学习过程中培养起来的。为了能开展自主学习，学习者必须创造类似家庭或教室的交互环境。[①]

二、自主学习的特征

（一）能动性

能动性是相对于受动性而言的。能动性指人对自己发展的自觉意识和能动作用，它赋予人在一定条件下主宰自己命运的可能，人不仅是先天因素与环境相互作用的产物，也是自我选择的产物。与他主学习相比，自主学习把学习建立在人的能动性上面，以尊重、信任、发挥人的能动性为前

[①]（爱尔兰）David Little等著；邱永忠，林赟，江琴译.自主学习方法与途径[M].福州：福建教育出版社，2010.

提；而他主学习则把学习建立在人的受动性方面，以依靠外在强制力量作用于主体为主要特征。能动性在人的具体活动中的表现形式是自觉（自律）与主动（积极）。从这个角度说，自主学习是一种自律学习，也是一种主动学习。[①]

（二）开放性

在自主性学习中，学习的目标和过程都是动态开放性的，它在学习知识的基础上，更着眼于学习能力的提高与学习态度的端正；就主体学习的过程与结果来说，不仅要考虑结果，更应该注重过程。自主性学习中，教师把选择的权利还给了学生。学生可以根据自己的学习情况和爱好，选择不同层次的学习目标、学习任务和完成任务的方法，由此学生的个性空间得以施展。

（三）创造性

创造性以探索和求新为特征，属于自主学习的最高层次。它是学习主体在建构知识的基础上，创造出能够指导实践并满足自己需求的实践理念模型，是学习主体根据对事物发展的客观规律、对事物真理的超前认识、对其自身强烈而明确的内在需求，从而进行创造性思维的结果。这种超前认识是由明确的目标引导的创造性思维活动，在这种活动中，学习主体头脑中的记忆信息库被充分地调动起来，信息被充分地激活起来，知识系统被充分地组织起来，并使学习主体的目标价值得到了充分体现。

---

① 郑金洲. 自主学习[M]. 福州：福建教育出版社，2008.

第二节　自主学习的理论依据

一、人本主义理论

20世纪以后，许多心理学家慢慢认识到行为主义和认知主义理论并不能恰当地探讨人类的思维能力、情感体验与学习过程等一系列问题，过于严格的研究方法，没有关注到人之所以为人的实质，心理学学习理论的研究出现了明显的机械决定与动物化的倾向，有明显的生物还原倾向。出于对行为主义学习理论与认知主义学习理论中存在的严重贬低人性和非人性化倾向的不满，20世纪60年代，美国心理学界出现了一场规模较大的运动。美国的人本主义心理学会于1962年成立，第一任主席是布金陶（Bugental），这标志着人本主义学习理论得到了学术界的认可。罗杰斯对人本主义理论论述较多，他的《自由学习》一书多次再版，专门讨论学习的问题，他也参与了其他学习理论的论述工作，为学习理论中的人本理论做出不朽的贡献。

人本主义心理学的写作教学理论虽然尚未形成一套完整的理论体系，但是为教育理论的构架提供了良好的基础，特别是在教育目的上，强调发展人性，注重创造潜能的启发，引导认知与经验的结合，注重人的理性与情感的均衡发展，使学习者肯定自己，进而促进个体的自我实现。在教学思想和实践上，主张以自我发展为目的，一切教育方式方法要适合学生的需要，促进学生发展。这些主张反映在学生中心模式及与其相关的开放教育、自由学校、合作学习和自主学习上。在写作教学方法上，以人与社会的实践为学习内容，注重师生共同设计、共同解决问题并在实际行动中学习。

（1）人本主义课程理论。人本主义课程又称作以人为中心的课程，是20世纪70年代西方教育发展的主要方向，也是人本化教育在课程论上的典型表现。它肯定人的情感、情绪和感情的重要性，坚持课程要从学生作为整体这一立场出发研究，主张统一学生的情感和认知、感情和理智、情绪和行为，强调开发人的潜能，同时促进人的自我实现。

人本主义课程的主要特点：承认学生的写作学习方式同成人的研究活动有着本质的差异；尊重学习者的本性与要求，强调认知与情感的整合发展；学校写作教学课程必须同青少年的生活及现实的社会问题联系起来。根据以上所述的人本主义课程的特点，人本主义者坚持学校课程应该人本化，主张开设三种类型的课程：

第一，体验课程（experiential curriculum）：是指通过认知与情感的统一，唤起学生对知识的探求欲望以实现整体人的发展的课程，又称为自我实现课程。它包括综合运用各门学科的知识，在新开发的课程里体验学习。

第二，情感课程（affective curriculum）：是指健康、伦理及游戏这一类用在发展非认知领域能力的课程。它包括发展人的情绪态度、价值、判断力，以及经过部分改革的音乐、美术、体育、健康教育、道德、语文、家政等学科。

第三，学术课程（academic curriculum）：指理解和掌握自然科学、社会科学和人文科学的学术知识课程。这不仅是学术中心课程所追求的内容，而且是人性中心课程所应包含的学术水准。

（2）学生创造性的培养。人本主义学习观认为写作教学的目的是促进个人的自我实现，想象力和创造性的启发就是人本主义教学目标的重点之一。人本主义者马斯洛认为写作教学上的创造性应分为两种：一种是学生特殊才能的创造，并非人人都能具有，也不是一般传统教育所能实现的；另一种创造性是指个体自我实现的创造，这种创造性是针对每一个心智健全的受教育者所应具备的处理新经验、应付新情境的能力而言的，所以说学校写作教学的主要任务是促进自我实现的创造。罗杰斯认为创造性可以分为破坏性的创造性和建设性的创造性，而教学中培养建设性的创造性的前提条件是心理自由感（psychological freedom）和心理安全感（psychological safety）。

心理自由感是指允许个人有自我表达的自由，使其自由地思考和感觉来增进其经验的开放性以及知觉和理解的轻松自如和自发性；心理安全感是指无条件地接纳别人和其他新鲜事物，在写作教学中体现为为教育者提供没有外在评价的轻松气氛以及移情理解受教育者。人本主义教育家认为，培养学生的创造性应注意两个因素：

第一，为受教育者提供充分的学习机会。良好的学习机会是影响个人潜能发展的一个十分重要的因素。个人内在知识结构的内容与品质常与其以往经验相关，因此教师必须注意指导学生学习生活的体验与经验，以提供自我学习的机会。人本主义心理学家特别重视个人人际关系经验的学习，因为这有助于个人创造性的启发和培养。为了促进创造性的培养，教学活动应重视讨论、感受、启发和理解，让学生有充分的时间去思考，有充分的机会去体验，并鼓励学生去实现、探索。

第二，提供良好的生理条件。充沛的精力来自于健康的身体，而健康至少应包括充沛的体能、饱满的精神、敏锐的知觉、迅速的活动力以及愉快的情绪。教师应特别注意学生的生活习惯、运动习惯和情绪，这些都与学生的健康有关，学校教育的教育者不应忽视。

相反，限制学生潜能发展的一个原因是教师忽视学生的需要。目前有不少学生由于无法在学校的教育中获得人本自身需要的满足，诸如被动的学习、师生之间的疏离、缺乏情感、破碎的家庭、功课的失败、不能在学校里发挥自己的特长等，而受到伤害，无法全心投入学习。教师必须依据每位学生不同的需求进行教学设计，使学生除了获得知识和技能以外，还能得到关爱与支持，获得成功的经验和自信，最终获得自我实现。

二、二语习得理论

第二语言习得（简称二语习得，L2或L2A），通常指母语习得之后的任何其他语言学习。二语习得研究是应用语言学的一个重要分支学科，涉及语言学、心理学、心理语言学、语用学、社会语言学等许多方面的理论。它对学习者所学的第二语言特征及其发展变化、学习者学习第二语言时所具有的共同特征和个别差异进行描写，并分析影响二语习得的内外部因素，系统地探讨二语习得的本质和习得的过程。其主要目标是描述学习者如何获得第二语言以及解释为什么学习者能够获得第二语言。

第一章　自主学习现状与发展

狭义的"二语习得"指在有目标语环境的地方学习除母语外的另一门语言，例如母语为汉语的人到美国去学习英语；外语一般指在没有目标语环境的地方学习除母语外的另一门语言，如在中国学英语；广义的"二语习得"既包括学习外语也包括习得"二语"。

美国语言学家克拉申（S. D. Krashen）的语言习得理论认为：人们学会语言主要通过两种方式：一种是习得，另一种是学习。"习得"就是指学习者通过大量的接触和使用目标语，无意识地吸收和获得该语言的相关知识，并能在无意识的情况下流利、正确地使用该语言。而"学习"则指学习者为了掌握目标语而有意识地学习和研究目标语，且以理智的方式来理解它的过程。

克拉申的监察理论认为，通过"习得"而掌握某种语言的人，能够轻松流利地使用该语言，而学习得到的语言知识只是对输出的语言进行"质量检查"监控。与语言的学习相比，"习得"比"学习"更能内化语言系统，形成语言能力。

可理解的输入是说学习者听到和读到的语言材料的难度要比自己目前已经掌握的材料稍微高。因此，我们记住一条简单的公式就可掌握语言输入的诀窍："Rich Comprehensible Input I+1"。其中的"Rich"意思是丰富的，既要量多又要多种题材、体裁，"I"代表自己现有的水平，"+1"就是"难度大一点"，简言之就是要多读多看形式多样、能够基本理解的语言材料。

二语习得理论是自主学习理论的重要支撑。自主学习利用大量的多媒体、多题材、多体裁的外语网络资源开展听说读写译活动，并且在真实的语言交际中大量接触和使用目标语；由于有网上在线词典等释义工具的辅助，加上语言中心资源的分类和标注，以及播放设备的"变速不变调"技术的使用，使得自主学习者可以很好地控制语言的难度和听说速度，使外语学习更加高效。自主学习还汲取了社会语言学"语言是交流的工具、语言运用、合作学习"等思想，"以学习者为中心"及其他相关理论也为自主学习提供了重要的理论依据。支持信息化外语自主学习的还有计算机辅助语言教学的思想和现代教育技术的理论。

第三节　影响自主学习的因素

自主学习是以内部条件为依据、以外部条件为支持的学习模式。影响自主学习的因素有内在和外在之分。内因和外因相互联系、相互影响并相互作用，共同构成自主学习的机制。

一、影响自主学习的内在因素

（一）信念

学习者对英语学习的信念会影响他们对学习自主性的培养和发展。由于受应试教育和传统教学模式的影响，学生往往认为只有课堂教学才能学习英语，只有考试过级才算学会英语。这种信念忽视了自主学习的作用。Oxford在《语言学习策略》一书中指出，"由学习者自己承担的学习会使学习本身变得更容易、更快捷、更愉悦、更自主、更有效、更能应用于新形势中"。要坚定一个信念：自主学习能力最重要，只要方法对、条件好，自主学习的效果一定会好。只有学习者有坚定的信念，愿意为自己的学习负责，其学习效率才会提高。[①]

[①] 肖惜. 信息化外语自主学习导航[M]. 武汉：武汉大学出版社，2010.

第一章　自主学习现状与发展

（二）情感

自主是学习者根据自己的需要和愿望控制学习内容和过程的能力。当学生所学的东西正是学生自己迫切需要的东西时，学习就会变得轻松愉快，学习者就会信心百倍。

动力是指激发学生获得知识的内在动力和欲望。动力对自主学习非常重要，它是引起、推动和维持自主学习的基础和前提。学习者有强烈的学习动力和欲望，才可能去承担责任、"自找苦吃"、克难奋进，学习才有韧劲和不达目标不罢休的毅力。当网络的新奇性和多样性不再吸引学习者的时候，激发自己的学习动力尤为重要。

动力还可分为内在动力和外在动力，而自主学习中的学生定目标、定计划、选方法和进行评估等自主性行为能激发"内在兴趣"，提高学习的动力。

（三）归因

归因是指人们对自己成功或失败所做出的因果解释。归因能对学习者的动机产生积极或消极的影响。我们一般将自己学习的成功和失败归因于能力、努力、任务难度和运气四个因素。我们在自主学习时，要学会积极的归因方式：成功时应归因为自己能力强，这样可以产生自豪感，对自己充满信心；失败时应归因为我们的努力还不够或方法不对，而不能归因为我们无能，否则会伤自尊心，产生羞耻感，对未来缺乏信心。把失败和成功归因于可以控制的、内部的、不稳定的因素，会对自主学习的成功抱有更高的期望，提高绩效感。

（四）学习风格

学习风格是人们在学习新概念时处理信息的方式，其实质是学习者喜欢的或经常使用的学习策略、学习方式或倾向，是在长期的学习过程中逐渐形成的、具有鲜明个性的行为，具体表现在认知方面（场独立型和场依赖型）、感知方面（视觉型、听觉型、动觉型和触觉型）、生理方面（谨慎型和冲动型）等。任何人的学习风格都不是单一的，而是多方面的。各个学习风格之间也不是相互孤立的，而是存在着不同程度的联系。因此，对各种学习风格不应有所偏好，褒扬某种学习风格而排斥其他学习风格。

二、影响自主学习的外在因素

（一）教师

教师的行为对学生具有影响作用。学习的主体虽然应该是学生，但教师的主导作用也至关重要。教师的教学模式、教学方法、选材思路等对学生的自主学习都有示范作用。学生会从教师的教法中吸取营养，注意教师观察问题、分析问题和解决问题的观点和方法，指导自己的学习。

教师要与时俱进，自己先做优秀的自主学习者，不断更新知识、转变观念、适应新角色，以胜任现代新型教师的任务；另一方面，教师要争取更大的自主权，对教师的评价也应体现自主学习能力培养的理念。

（二）教育技术

教育技术在这里是指为信息化自主学习而创造的学习环境和学习支持体系，是自主学习的物质基础，包括学习者在学习中可使用的硬件设施、软件平台、辅导帮助机制、监控机制、可供选择的资源等。它为自主学习提供了多媒体、跨时空、高效率的学习环境，体现了身处信息化时代的学习者应对知识经济挑战，进行网络化、多模态学习的需求，培养了信息化的自主学习的终身学习能力。现代外语语言学习中心集成了这些条件，为外语自主学习提供了理想的场所。

（三）课堂环境

1.课堂环境对学习动机的影响

关于自主学习的动机，一般认为，学生个人的成就目标定向、内在动机和学习效能感是非常重要的三个方面。这里，我们分别论述课堂环境对动机的影响。

（1）课堂环境对学生成就目标的影响

近年来，考察不同的课堂环境因素或实验室情境因素对学生目标定向的影响已成为一个重要的研究方向（EUiot,1997；Urdan,1997）。

频崔奇（2003）提出，过去对成就目标的研究，主要集中于考察学生个人所持有的成就目标定向与随后的动机、认知及情感结果之间的关系，极少关注课堂教学实践和课堂目标与学生的成就定向之间的关系。事实上，复杂而丰富的课堂环境向学生传递着有关他们从事学习活动目的的各种信息；教师的课堂教学实践，也包含有多种影响学生成就定向的信息和线索。因此，考察课堂环境因素与学生的成就目标定向和适应性学习结果之间的关系，应该引起研究者高度的重视。[①]

阿姆斯（1984）等在一篇文章里论述了社会比较和自我参照的课堂环境对学生信息加工和学习结果评价的影响，不同的课堂结构营造不同的目标氛围，从而影响到学生对自我、学习任务和他人的信念。

帕特里克等（Patricketal,2001）对任教五年级的四个教师以明示和暗示的方式向学生传递掌握性和表现性目标定向信息进行了研究。他们采用问卷法收集了10个班223名学生对课堂中教师设置的掌握性目标和表现性目标结构的知觉。另外，他们还采用观察法，收集了教师在设置任务、权利分配、评价学生、学生分组、时间控制、社会互动和面对学生求助时的行为。结果发现，掌握性定向的教师把学习看作是积极主动的过程。这也反映在教师的教学实践活动中。这样的教师要求所有学生加入到学习活动中来，强调努

[①] 范春林.课堂环境与自主学习[M].北京：国家行政学院出版社，2013.

力，鼓励学生间的互动。他们还表现出对学生学习和进步的社会与情感支持以及对学生的关注。相反，表现性定向的教师则强调正式性评价、等级和学生的相对表现。

恩托曼里斯和比得（Ntoumanis，BidUe，1998）对英国大学生运动员的成就目标与知觉到的动机氛围之间的关系进行了考察。结果发现，知觉到的任务卷入氛围与学生任务目标定向有着极显著的正相关，而与自我目标定向无相关；知觉到的自我卷入氛围与学生的自我目标定向有正相关，但与任务目标定向有负相关。

（2）课堂环境对学生内在学习动机的影响

在课堂环境中，影响学生内在动机的因素是什么呢？围绕这个问题，研究者主要考察了以下两个方面的因素。

首先是教师教学风格中的自主定向与控制定向的影响。关于自主支持（autonomy-supportive，AS）与控制型（controlling，C）教师教学风格的差异，德西等（1982）和瑞悟等（Reeveetal，1999）都做过比较研究。

总的来说，自主支持型教师是反应性的，如更多倾听学生的呼声；支持性的，如对学生的行为质量的赞许；灵活的，如给学生独立支配的时间；通过兴趣来激发学生，如支持内在动机。相反，控制型教师则是操纵性的，如控制教学材料，对学生指导和命令更多；灌输性的，如向学生直接给出正确答案；评价上批评更多，通过施加压力来刺激学生学习的积极性，如采用控制和强制的做法。

除了教师教学风格对学生的内在动机产生影响，还有研究者对成就目标的影响作用也进行了研究。

2.课堂环境对学习资源利用的影响

一般来说，学业求助与其他方面的环境创设和资源利用相比，它更多地要通过与他人的互动才能完成。因此，制约学业求助的因素，除了学习者的主观条件以外，还涉及学习环境中的他人因素。基于这样的考虑，本节就只考察课堂环境对学业求助的影响。

课堂学习环境中对学生求助行为产生影响的因素大体上有以下两类：第一类是教师因素。迈尔和苏巴特（Mare，Sobat，2002）从学生知觉的角度，研究了支持或抑制求助的教师特征。他们认为，由于教师通常是学生求助的对象，因此，教师对学生的求助作何反应，会对学生产生重要的影响，而且成为课堂学习环境氛围的中心。他们通过与学生交谈，归纳了10类影响学生求助的因素：教师提供帮助的意愿、教师的人格特征、教师对学生求助的反应、教师对学生的期待、教师提供帮助的能力、教师与学生的关系、学生与教师是否熟悉、教师的心境、教师反应的非确定性和教师的性别。[1]

纽曼（Newman，2002）提出，教师对学生学业求助的影响表现在三个方面：

（1）教师的卷入。对适应性求助来说，教师卷入会通过师生间的交互作用和学生对教育的信念而产生影响。当教师将情感投入到课堂之中，学生会尊敬教师并在课堂里感受到归属感。被学生知觉为关怀型的教师，能为学生提供一个师生交互影响的学习环境，例如，师生的目的、关注点和情感处于协调的状态。当师生拥有共同的目的时，教师就特别能采纳学生的观点，理解学生的想法，并且基于这种理解而对学生的学习做出恰当的指导。友好的、关怀型的教师，能对学生保持开放的姿态，表现出民主的互动风格，愿意倾听、探询学生的求助需要，确保学生理解困难的学习材料，以非威胁的方式提供帮助。在这种风格的影响下，学生会认为求助于老师是有效的，老师是值得信赖的求助对象，因而学生愿意向教师求助。

（2）支持自主。自主学习者有较强的自主感，但这并不意味着他们是自主的和独立于他人的。相反，在需要的时候，他们也会对求助感到心安理得。教师支持自主和适应性求助的一个重要的方式，涉及课堂目标定向的创设和对学生个人目标定向的适应。研究表明，在掌握目标定向的环境里，学生真正对知识的理解感兴趣，他们会请求教师提供与任务相关的信息帮助自己克服困难，而不求助的学生则是喜欢挑战，并且表现出良好的坚持性。但是在表现目标定向的课堂中，学生为了掩盖自己的低能，他们一般不会求助，如果求助的话，也表现出非适应性求助，如不经过自己的探索就直接问正确答案。此外，教师应适应学生个人的目标定向。一般来说，具有掌握目

---

[1] 范春林.课堂环境与自主学习[M].北京：国家行政学院出版社，2013.

标定向的学生，他们会寻求老师的启发而不是正确答案，希望获得老师对他们得出的结论是否正确的反馈信息，他们希望改正缺点，通过自己的努力获得正确答案。相反，具有表现目标定向的学生对这类信息并不感兴趣。教师适应学生个体差异的程度影响到学生的适应性求助。当课堂与个人都强调学习目标时，学生就很可能表现出适应性求助；而如果课堂与个人都强调表现目标时，学生则拒绝求助。还有很重要的一点是，具有表现目标定向的学生在强调学习目标的课堂中，会表现为克服回避求助的倾向或对回避求助的倾向有一定弥补作用。

（3）支持胜任。自主学习依赖于学生的学业胜任感。教师通过提高学生的认知能力和社会交往能力，以满足学生的适应性求助的需要。如创设适宜的学习环境。研究表明，合作学习可以避免学生的社会比较和对求助行为的抑制；建立有助于适应性求助的课堂讨论模式。例如，教师为学生提供针对性反馈，有助于培养学生对自己求助需要的自我意识能力。

课堂环境中，除了教师因素影响学生的适应性求助，同伴也是非常重要的一个影响源。纽曼（Newman,2002）认为，同伴是儿童在学校社会化的重要动因。同伴对学生的影响表现在三个方面：

（1）同伴卷入。其一是友谊对适应性求助的影响。深厚的友谊可以使儿童开放地表达他们的求助需要；而冲突的同伴关系则使儿童拒绝向同伴暴露自己所遇到的困难。其二是学生的社会性目标的影响。一般来说，追求合群目标越强烈的学生，会更重视和利用求助，并将求助作为应对学习困难的策略。但应注意的是，追求合群并不一定导致适应性求助和学习成功。因为同伴间的友好也可能使大家贪玩好耍，或者同伴不一定能提供合适的帮助。此外，研究还发现，越是把同伴赞许看得重要的学生，即追求社会地位目标的学生，他们对向同学求助就越可能感到难为情。

（2）支持自主。同伴对适应性求助所需要的自主感，既可能起支持作用，也可能起削弱作用。其影响机制是社会比较。社会比较可能对适应性求助产生积极的影响。它可以给个体提供有关同伴的优势和不足方面的信息，从而使个体对同伴是否具有帮助的能力产生准确的评价。然而，社会比较也可能对求助产生消极的影响。因为向同伴求助可能被同伴认为是愚笨的表现。

（3）支持胜任。同伴影响胜任能力发展在很大程度上取决于教师允许学生相互帮助的程度。与个体化课堂活动（教师认为学生不需要相互帮助）和全班活动（提问通常是教师对学生而不是学生对教师）相比，在小组合作的环境里，当学生需要求助时，他们可以借助于同伴，并且随着这种经验的增加，他们逐渐会成为善于互相提出高质量问题的学习者。

（四）社会文化

文化因素影响着学习者的行为、学习价值观的思维习惯，进而影响自主学习的效果。有人认为，自主学习概念源于西方文化，它被赋予的西方文化民主自由和崇拜个人主义价值观，不适合在以强调教师权威性的东方传统教育文化中开展。但也有人认为，东方学习者和其他文化中的学习者一样，都具有自主学习能力，都有较高的自主学习意识，他们都希望自己是自主学习的主体。东西方学习者只是有着不同的特征罢了。西方学习者一般果断、独立、自信，愿意提问，接受多元的结论，喜欢求异和逆向思维；而东方学习者更注重所学内容的复现，在学习过程中表现出更多的被动、顺从，倾向于沿着已经设定好的学习方向和学习目标来学习。此外，影响自主学习能力的因素还有智力、学习意志、自我管理能力等。

第四节　提倡英语自主学习的原因

一、自主学习是社会发展的需求

知识经济社会标志着终身学习时代的到来。知识经济社会不仅构成了终身学习时代的社会基础，而且学习化社会的形成也是知识经济时代赖以存在的重要条件。在知识经济社会，知识将成为生产力的主要特征；知识和智力开发是未来经济发展的动力；知识将改变未来社会人们劳动的含义和结构；知识生产促进国家创新体系的进步，科技、教育系统在国家创新体系中具有重要作用；知识和学习把人们联系在一起，增强人与人之间的相互信赖，增强人与社会、人与自然的联系；掌握知识的将是知识社会的全体社会公民，终身学习将成为每一个社会成员自我完善、自我发展的必然要求，正规教育并非教育和学习的唯一途径；终身教育、终身学习构成知识社会的基础；构建学习化社会是迈向知识经济社会的必然环节。①

二、自主学习是教育发展的要求

现代教育在一定程度上是一种开放性教育，打破了传统教育在时间、地点、学习内容、学习方法上的封闭性，把学习的主动权留给了学习者。因此，它更突出学习者的"中心"地位。网络以及其他多媒体设备成为教育的构成要素，成为丰富的教学资源。现代信息技术在教育领域的应用正在从根本上改变着传统的教学方式和学习方式，使教育过程真正成为选择的过程，而且在开放教育中，教师的讲授和学生的学习突破了时空限制，可以在不同的地点、时间同时进行，师生之间可以进行充分的交流；学生能够根据自己的需要自主安排学习时间和地点，自由选择学习内容，自行规划学习环节，在学习过程中并进行及时有效的自我调控，最后进行发展性评价。因此就要求学生具备较强的自主学习能力。学习者唯有能够自愿、自觉地学习，开放教育才能最终发挥作用。离开了学习者的自主性，开放教育就不可能达到目的。

---

① 李友良. 英语学习策略与自主学习[M]. 上海：上海交通大学出版社，2011.

第二章　英语教学法综述

英语教学法的历史悠久，人们自从展开语言教学以来，就从未停止过对教学法的研究与实践。在长期的发展过程中，英语教学法形成了一定的体系，积累了丰富的理论成果与实践经验。为了帮助读者对英语教学法有一个系统的认知，本章重点针对英语教学法的定义、特点、学科体系、与相关学科的关系、常见教学法这几个层面展开深入分析与探讨。

第一节　英语教学法的定义与特点

一、英语教学法的定义

（一）教学法

一说到教学法，人们往往指的只是教法，很少想到学法。实际上，教学法，应该既包括教法，又包括学法。教法是指教师教学活动的方法，学法是指学生进行学习活动的方法。

在教法上，往往是一人一把号，各吹各的调，而且往往自认为自己的方法好，还常常有自己的充分理由，谁也难以说服谁。有些教师只注意教学生学习语言知识，而不教他们如何学习语言知识、如何训练语言技能；有的教师只讲能力培养，而不教学生怎样培养能力；有的教师强调听说不重视读写，但又不教学生如何听说，更不教学生如何读写；有的教师强调读写不重视听说，但又不教学生如何读写，更不教学生如何听说。这种只讲学什么，而不指导怎么学，自然难以培养起学生的自学能力，其结果学生就只好自己摸索学习方法，摸对方法的学生学习上去了，摸错方法的就要掉队。这样一来，学生各自都养成自己的一套学习方法，而且各人都自认为自己的方法好。对此教师也不过问，甚至认为"条条道路通罗马"，不管用什么方法，只要能学好就成。

教学法直接影响教学效果，也就是影响着学生学习的效果。不管有多少教法，也不管有多少学法，就说"条条道路通罗马"，通往罗马的道路不管有多少，但是有的路远，有的路近，有的要翻山越岭，有的可能是一马平川。在外语教学上，我们渴望找到的是最近的路、最好走的路。这条路不以个人好恶为标准，也不为个人的理由所决定，它必须以科学理论为依据，以外语教学自身的规律为基础。

我们说教学法是一门科学，就是因为它有自身的规律，有其理论基础，需要深入研究才能发现。在教学中尊重它、顺应它就会取得成功，违背它就要失败。同时好的教学法还是一门艺术，因为它能使教学活动生动活泼，能激发学习者的兴趣；好的教学法能用简单的语言、贴切的比喻，深入浅出地把深奥、复杂的理论讲清楚，使学生容易接受和记忆；好的教学方法能够有效地培养学生的能力。一种教学法正确与否、科学与否，教学效果是检验的唯一标准。

教学法还包括指导学生的学法，包括教学生学会学。联合国教科文组织出版的《学会生存》一书中明确指出："未来的文盲不再是不识字的人，而是没有学会学习的人。"这是从社会发展的需要对人们提出的要求，也是社会发展对教育提出的要求，要求教师不仅要教学生知识，还要教学生学会学习知识。外语教学中，每一步都有一个怎么教的问题，每一步也都有一个怎么学的问题，每一步也都有一个指导学法的问题。哪一步的教法不科学，教

第二章 英语教学法综述

的效果就不好；同样，哪一步的学法指导不到位，学法不科学，学习效果也不会好，一步学不好，就会影响下一步的学习，甚至影响全程的学习。学字母要讲方法，学语音要讲方法，学词汇要讲方法，学句子要讲方法，学语法要讲方法，学课文要讲方法，做练习要讲方法，训练听、说、读、写的能力也要讲方法。

指导学法重在指导学生自学的方法。指导学生学法的目的是教学生学会学习，也就是培养学生学会自学。例如，在词汇教学中，有的教师只管教学生读音和词义，而不教会学生怎么拼读，不教会学生怎么记忆单词，其结果是教师教过的学生会读，教师没教的学生就不会读，一旦离开老师，学生就没法学习。不教会学生如何记忆单词，学生只好靠死记硬背字母，学得少还可以背下来，学的多就不行了；短的单词可以背下来，长的单词就不行了。没有拼读能力，记不住单词，说明在外语学习上还没入门。这样的问题不解决，就无法学好外语，外语教学上的两极分化往往由此而开始。

（二）应试教学法和素质教学法

英语教学法是一门独立的科学，它以心理学、语言学、教育学以及与这些学科相关的科学为理论基础。然而外语教学与其他学科一样，以考试为手段，以分数为目的，实行的是应试教育。为了追求分数，急功近利，教学方法违反科学，以主观片面的观点看待外语教学，忽视外语教学的规律，及其过程的阶段性特点。只重视知识学习，不重视能力，或只重视能力，不重视知识的指导作用，不能为素质教育服务，只能为应试教育所用，所以被称为应试教学法。

与应试教学法相反，素质英语教学法从时代的需要出发，尊重外语教学的规律，重视教学过程的阶段性规律，重视知识指导下的语言实践，重视对学生能力和素质的培养。素质英语教学法有三个突出特点：

它以科学发展观作指导，全面地、辩证地认识和解释外语教学中的各种现象，解决了外语教学中长期难以解决的问题，纠正了外语教学中错误的认识，使外语教学走上新的发展道路。

它深入研究并揭示了外语教学的普遍性规律和特殊性规律，教学方法和语言实践形式都具有科学性，保证了大幅度提高教学质量和培养综合运用外语的能力。

它以时代的需要出发，把外语教学与素质教育紧密结合，教学中开发学生智力，培养学生各项素质全面发展，特别重视培养创新精神和创新能力。

实际上有什么教育制度，就有什么教学法，教学法是为教育制度服务的，它是教育制度建立的基础，又不断巩固着教育制度，当这种教育制度结束时，教学方法仍会在相当长的时间内被延续下去。现在正处在应试教育被素质教育所取代的过程中，素质教育制度还没有完全确立，就是因为素质教学法还没有完全被人们认识和运用，但它随着素质教育制度的确立已客观存在了。

由于应试教学方法还在继续被使用，这就使得素质教育存在着不稳定性并难以推进。只有进一步研究和运用素质教学法，才能使素质教育体系尽快建立。所以当前进行教育理论创新，创立素质教学法是推进素质教育的关键。因为智力和素质都是内涵的，深嵌的品质，只有在激活大脑的条件下才能得到开发和培育。素质英语教学法尊重科学和规律，能激活大脑，因此可以开发智力，培养素质。

二、英语教学法的特点

（一）新教学法是在对旧教学法批判中产生的

从英语教学法发展的历史和我国外语教学发展的历史可以看到，每种英语教学法的产生，不仅有其明确的目的，而且是在对前一种教学法进行批判的基础上产生的。不破不立，旧的观念不破除，新的观念就难以产生。教学法上的破旧立新，就是外语教学上的一场重大改革。每一场改革都推动外语教学前进一步，都是对外语教育事业的一次促进。但是每一种新教学法的产生都离不开前一种教学法，都是以前一种教学法为基础发展起来的。新教学法在批判旧教学法时，必然要克服旧教学法的弱点，不同程度地保留和发展其长处。这样一来，就使其更合理、更科学、更完善。从英语教学法发展的历史和我国外语教学发展的历史不仅可以清楚地看出这一点，而且可以推测出未来外语教学和英语教学法发展的方向。[1]

直接法和听说法批判语法翻译法不重视听说能力的培养，因为它培养出的学生是聋子，听不懂；是哑巴，说不出。它认为外语教学首先要学活的有声语言，然后再学书面语言，这就使得人们对外语教学有了更深入一步的了解。学生学习外语不仅要学会读、写，还要学会听、说。理论上是这样，实践中也如此。在我国外语教学的历史上，有过在接受直接法的同时对语法翻译法进行批判的情况，从而对外语教学也开始有了新的认识。

认知法是在对直接法和听说法批判的基础上产生的，批判其理论基础——行为主义刺激反应的观点，认为人天生就有认识、学习语言的能力。认知理论在我国外语教学中是最容易被接受的，也是统治我国外语教学时间最久的，因为它同我国重视知识的传统教育观念是相吻合的。它从语言知识出发，重视人的思维作用，主张在有意识的情景中培养语言交际能力。

交际法批判认知法过于强调知识学习，不重视能力培养；只重视句子结构，不重视什么语言情景下使用什么语言，不重视一种意念多种表达。它主张教学过程交际化，不排斥语法教学，但反对以语法为纲。我国在接受交际法之前，在20世纪80年代对认知法及其教材有过激烈的批评，批评其重知识而不重视能力。然而从20世纪90年代初我国引进交际法以来，对交际法的批判声就不断，从未休止过，批评它不重视知识，不重视基础，不重视读写；批判它违反外语教学规律，违反外语教学过程，违反我国实际国情，新教学法是在对旧教学法的批判中产生的，批判是在否定前一种教学法的缺陷的同时，使自己趋于全面、走向完善的过程。批判促使外语教学法不断得到改善，促使新的教学法的产生。新教学法是在对旧教学法的批判中被接受的，从而促进外语教学一步一步向前发展。

---

[1] 王宝印.循环式素质英语教学法[M].北京：中国海洋大学出版社，2008.

（二）历史上英语教学法的共同弱点

历史上英语教学法片面性的产生除了心理上的因素外，还有两个重要原因：一是与它们产生的历史背景有关。它们是那个历史时期实际需要的产物，它们的片面性是历史打下的烙印。一般来说，国与国之间交往较少的条件下产生的教学法多强调读、写，不十分重视听、说。而当国际形势发生巨变、国与国之间交往增多时，产生的教学法多强调听、说，不十分重视读、写。教学方法不仅决定着外语教学怎样进行，而且决定着培养什么样的人的问题。我国的外语教学也一样，当与国际交往少时，引进的外语教学法强调读、写，培养出的学生听、说能力差；当与国际交往多时，引进的教学法强调听、说，培养出的学生读、写能力差。二是与它们的理论基础有关，这些教学法缺乏扎实的理论基础。语法翻译法是以比较语言学为理论基础的，直接法是以行为主义心理学为理论基础的，听说法是以结构语言学为理论基础的，认知法是以认知心理学为理论基础的，交际法是以社会语言学为理论基础的。这些教学法仅以心理学、语言学的一个分支为理论基础，自然显得浅薄。实践告诉我们，教学法的理论基础越雄厚，教学法就越接近全面；相反，理论基础越浅薄，片面性就越大。这些教学法理论基础薄弱，片面性也就难免了。[①]

但是这些教学法似乎也都意识到了自身的弱点，他们在批判别的教学法片面性的同时，总是设法表明自己是全面的。例如认知法在强调理性理解、知识学习、培养读写能力的同时，也要培养学生的听说能力。但是这种教学法的理论基础、它的本质决定了它的重点是培养读写能力，其所提到的培养听说能力只是陪衬。交际法主张教学过程交际化，强调学习不同情景下的不同表达方法，强调学习一种意念多种表达方法。为了表明自己是全面的，特意说明这种交际还包括书面语交际。但是它的理论基础、它的本质是培养口语交际能力，它的教学方法、教学手段和措施也都是围绕培养学生的口语能力确定的，课堂交际化几乎全是口头交际，如何培养学生书面语交际能力并

[①] 何玲，王朝元. 中学英语教学法[M]. 杭州：浙江大学出版社，2012.

没有具体方法、具体手段和具体措施。还要知道，交际是有基础的，没有语言基础，交际便没有根基。

研究我国外语教学的历史就会发现，我国外语教学法的发展与西方英语教学法的发展，走过的是相同的历史。由于历史的原因我国教育理论落后，特别是外语教学法的研究起步晚，我们没有自己的外语教学法，我国的外语教学和教材编写全靠引进，运用西方英语教学法作为理论基础。其结果是：当我们引进语法翻译法时，我国外语教学就出现强调读、写，不重视听、说，培养出的学生即听不懂也说不出；当我们引进直接法时，我国的外语教学就强调听、说，不重视读、写，培养出的学生既不会读也不会写；当我们引进认知法时，我国外语教学就出现把外语课当作知识课，又回到了强调读写、不重视听说的老路上，培养出的学生既听不懂也说不出；当我们引进交际法时，我国的外语教学成了强调口语交际，而对如何培养读写能力则不够重视，因而培养出的学生不能读也不能写。这种从一个极端到另一个极端，以牺牲听说换取读写，或以牺牲读写换取听说的教学法，违反了语言学习的规律，难以达到教学目的。

西南师范大学张正东教授对西方英语教学法做过这样的评论："在交际法问世之前，世界各国的外/英语教学都在不断改进中前进，但没有一个国家宣称自己的外/英语教学是完全成功的。交际法面世于20世纪70年代初期，其来势之猛，应用面之广，前所未有。但是几十年过去了，世界各国外/英语教学只是在创建交际法的不同变体中有所前进，仍无一国宣称自己的外/英语教学取得了完全成功或前所未有的效果；学校外语教学时间并无减少，所学内容并不比以前有明显的增加。"

语言教学规律是不能违反的，教学法违反教学规律，自然难以获得外语教学的理想效果。

第二节　英语教学法的学科体系

中国外语教学法体系的建立涉及很多问题，要解决这些问题并建立自己的教学法体系就需要注意以下问题。

首先，确立合理的教学大纲，正确处理课程、教材、教法的关系。课程作为实现教育方针、培养目标的途径与手段，体现了最新的学科发展水平。制定课程就要有教学大纲，有了与时俱进、关注社会发展的教学大纲，才能更好地指导广大教育工作者学习新的教学理论和教学思想。确立了教学大纲即确立了课程，那么教材和教法就可以有针对性的来解决实际的教学问题。

其次，提高教师素质。中国英语教师普遍素质不高，表现为教学思想观念滞后，教学技巧贫乏，课堂管理及教学研究能力不足。教师素质不高制约了其对课程的理解、教材的使用及对教学法的选择。而身处教学一线的教师对教学方法及其应用都不关注的话，符合中国实际情况的教学法体系是根本无法建立的。

再次，重视教学基础理论研究和英语教学法研究。长期以来，各个教学法流派的出现和发展都和一系列的基础理论的发展和进步分不开。比如，20世纪60年代，乔姆斯基生成语言学的问世引发了语言研究的一场革命性变化，使当代外语教学法向认知法迈进。而到了20世纪70年代，社会语言学家开始深入研究语言与社会的关系、语言的使用及言语社团。社会语言学的研究促使外语教学又经历了一次重大变革——交际法。每次外语教学法的变革和发展都站立在一定的理论研究的基础上，中国想要发展英语教学法就必须在社会心理学、心理语言学等领域有所研究和发展。

谈到英语教学法研究，时至今日，国内还有一些人把"外语教学法"看作"不过是研究外语教材教法的技巧"，算不上一门学科。事实上，早在20

世纪60年代,"我国外语教育界曾较大规模地开展关于外语教学理论的讨论",开始把"外语教学"作为一门学科来研究。20世纪80年代初,章兼中教授曾给"外语教学法"做了明确的定义。他认为"外语教学法是一门独立的科学。它是一门研究外语教学理论和教学实践、外语教学过程和教学规律的科学"。我国英语教学法的落后局面和对其本身的不重视有着直接的关系。

综上所述,中国英语教学法的建立涉及方方面面,也并非一时之事。这需要所有的中国教育工作者一起思考、研究,在实践中探索出符合中国国情和中国人需求的英语教学方法。

无论是进行英语教学,还是英语教学心理的研究,都必须正确理解英语教学的目的和要求,熟知英语教学的基本原则,了解各种英语教学方法以及我国对英语教学方法的认识。国家以大纲的形式规定了英语教学的目的和要求等,这是开展教学实践的基本依据之一。但这并不意味着教学大纲的规定是绝对正确的,可以一成不变的。我们还要深入研究,并用新的研究成果充实它,使大纲更加科学合理。了解各种英语教学方法,可以帮助我们深入英语教学实践,根据学生、教材、教学环境的不同情况,灵活地运用各种英语教学方法,更好地实施英语教学,同时也为英语教学改革提供思路。

第三节 英语教学法与相关学科的关系

一、与语言学的关系

语言学是研究语言的科学。英语教学的内容是英国语言,英语教学法是研究教好英语的过程。因此,语言学和英语教学法就自然有着十分密切的关系。各种语言学的知识从不同的方面和角度提高了人们对语言和语言教学的认识,促进英语教学法理论和实践的发展。普通语言学研究人类语言的本质和功能,以及语言的产生和发展,它可以帮助人们认识和掌握英语教学的目的和一般规律，如语言与言语的关系，形式与意义的关系，语言是一种结构等。

二、与心理学的关系

心理学也是英语教学法的重要理论源泉之一。心理学是研究人的心理活动规律的科学，探讨人脑反映客观世界的各种形式及其产生的过程。教学活动中，教师的教是为学生的学服务的，教师必须了解学生的生理和心理特点，教学必须符合学生的心理活动规律。

与英语教学法有关系的心理学分支有：普通心理学、教育心理学和外语教学心理学。普通心理学研究人的心理活动和个性特征。心理活动指感知、理解、想像、推理、注意、记忆、遗忘等。个性特征，即个性，如性格、能力、兴趣、气质等。

三、与教育学的关系

外语教学法和教育学里的教学论有着特殊和一般的关系。教学论研究一般的教学原则和方法，如思想性、科学性、直观性、自觉性、巩固性、系统性等教学原则；启发式、归纳法、演绎法以及讲解练习、复习等具体教学方法等。这些教学原则和方法对外语教学都有指导意义。外语教学法是教学论在英语教学中的实际运用和发展。它在教学论指导下研究英语教学的具体内容、教学过程和特殊规律。目前有人把外语教学法作为教育学的一个分支——外语教育学来研究，这说明外语教学法与教育学有着密切的关系。

四、与哲学的关系

外语教学法作为"方法之学",历来受到哲学中的认识论、方法论的影响和制约。辩证唯物主义是认识世界和改造世界的指导思想。数年来,外语教学经验表明,研究外语教学法要坚持辩证唯物主义的认识论和方法论。用辩证唯物主义的观点才能正确认识和解决外语教学中的各种矛盾,如母语和外语、口语与书面语、培养语言交际能力和基本知识教学、语言训练与思想教育、教与学之间的矛盾等等。否则,外语教学中的许多问题,仍将继续陷于无休止的争论之中。因此,外语教学法必须建立在辩证唯物主义的哲学基础之上。

第四节　英语教学中常用教学法

现代英语教学法的流派众多,随着英语作为全世界通用语言地位的确立,英语教学在各国越发受到重视,对英语教学法的研究也就更加重要了。在英语教学实践中,究竟采用何种教学法要受到政治、经济、社会、文化等多种因素的制约。与此同时,受到这些因素制约的英语教学法也在应形势的要求而不断地发展变化。本节就现代流行的、影响较大的几种教学法进行简单介绍和评析,目的是让读者了解一些现代英语教学法的概况,博采众长,不断改进和发展自己在英语教学实践中所使用的教学法体系。

一、口语法和情景教学法

著名学者帕尔马(Harold E. Palmer,1877—1949)认为人有学习语言的天赋和能力,即人有学得语言的本能和学习语言的能力。他编写的 *The Oral*

Method of Teaching Language（《口语教学法》）是他用于起始阶段的教学法体系。他强调滚雪球式的口语练习，由此培养下意识的英语习惯。口语练习体系有多种形式，如纯领会式练习、模仿领会式练习等。帕尔马的课堂教学共有六个环节：

（1）不看课文听口头引言；

（2）口头作业；

（3）阅读和语调练习；

（4）翻译和语法分析；

（5）背诵精选材料；

（6）笔头练习。

口语法和情景教学法的优点在于：

（1）强调语言情景的作用。"No context，no text."这句话在这两种教学法中得到了具体的体现；

（2）重视整体结构的对话教学，既有利于培养口语能力，又能使课堂气氛活跃起来；

（3）强调在口语基础上培养书面语能力，恰好符合语言习得的过程；

（4）坚持用英语讲解英语，以培养语感。

这两种教学法的缺点在于：不利于深入理解、运用所学语言；过分强调整体结构感知和综合训练，忽视了必要的单项分析和训练。

情景教学法的著名英语教材是英国朗文出版公司出版的*New Concept English*（《新概念英语》）（共四册）。这套教材从零开始，循序渐进地向中级和高级阶段发展，充分训练听、说、读、写四种技能，适合于大学基础阶段或英语自学者使用。

二、听说法

风靡全球的CIA英语教学法就是听说法的具体体现，它是一种密集、短打式的训练，曾经在三个月内创造奇迹，使一个不敢开口、一句英语也不会讲的人，三个月后妙语连珠，与一般美国人无异。CIA英语教学法，是美国中央情报局（Central Intelligence Agency）训练情报人员时使用的一套特殊语言记忆法，目前这种方法已推行到全美各大学和各语言学校当中。

这种教学法主要有两种方式：

第一步，选择一组对话做直觉训练。每一句都先念，学生不看课本也跟着念，训练好听力；如此一直重复地念，直到学生不假思索即能脱口而出。

第二步，必须把本组会话内容倒背如流，两名或多名学生再根据这个内容不断变换角色交谈，训练临场感觉和即时反应能力。

按照这两个步骤，5分钟就能学会一个实况，而且能马上说、马上用，效果立即验收。CIA英语教材中的对话精彩简洁，以便直接激发读者学习英语的潜能；每组情节都列出关键句，以便能迅速掌握主题，活学活用。下面是一个简单对话的教学示范：

第一步：

May I speak to Mary, please?（老师读，学生不看课本跟着说）

Speaking.（老师读，学生不看课本跟着说）

第二步：

May I speak to Mary, please?（老师问）

Speaking.（学生答）

May I speak to Mary, please?（或一个学生问）

Speaking.（另一个学生答）

然后不断交换角色，重复至熟练为止。

听说法的教材有弗里斯编写的 *English Pattern Practiced*（《英语句型操练》）、弗里斯和沈尧合编的 *Intensive Course in English for Chinese Students*（《中国学生英语强化课程》）。20世纪60年代和70年代按听说法编写的教材逐渐增多，比较著名的有 *English 900*（《英语900句》）和 *Success with English*（《英语成效》）。

听说法教材的共同特点是：

（1）以对语言的科学的描写性分析作为编写教材的依据；

（2）以句型为中心材料；

（3）初学阶段的教材着重强调语音和结构，其次才是词汇；

（4）要学习人们日常说的口语；

（5）教材中有大量的、机械式的听说操练。

三、功能交际法

功能交际法又称功能法或交际法。功能交际法是以语言功能——意念项目为纲培养语言能力的一种教学法。它的主要教学思想是：交际功能是语言在社会中运用的最本质的功能，交际功能也是英语教学最根本的目的，即在教学实践中根据学生要表达交流的思想观念，来选学能够负载这些思想观念的言语形式和语言规则，也就是说内容决定形式。交际法的主要代表人物有特里姆（J.L.M. Trim）、范-埃克（J.A. Vanek）、威尔金斯（D.A. Wilkins）、威多森（H.G. Widdowson）和亚历山大（L.G. Alexander）等。

把培养语言的交际能力作为主要的教学目标是学者们比较一致的看法。交际能力（communicative competence）的概念是海姆斯（D. Hymes）针对乔姆斯基关于语言能力的概念提出来的。乔姆斯基的语言能力实际是指语言知识，而交际能力是指利用语言知识来表达意义的能力。这种能力不仅指关于规则的语言知识，而且具有创造性的特征。

威多森1978年写了 *Hacking Language as Communication*（《作为交际的语言教学》）一书，到了1984年，他认为这种说法容易引起误解，好像教师的任务在于保存语言的交际特征并把它讲授给学生，于是改为 *Teaching Language for Communication*（《为了交际的语言教学》）。这种提法强调教学目的，即达到交际目的。

功能交际法重视教学大纲的研究。为了适应不同学习者学习英语的需要，在英国首先提出了"专门用途英语"（English for Specific Purposes），也是从教学大纲的角度提出问题的，学生只需在自己的本专业范围内进行意念和思想的交流。这一观念的提出突出的是交际功能的具体体现。

使用功能交际法的著名英语教材《跟我学》是由BBC英语教学部、英国朗文出版公司协同西德电视台、西德民间学校委员会和欧共体合作委员会编制的电视英语教学片，它的教学对象是基本不懂英语的成年人，通过两年学习使他们达到《入门阶段》的要求。这套教材是根据交际教学大纲《初阶》

和《入门阶段》等编写的，它的出发点是根据学生口头交际的需要，培养和掌握英语交际能力。

四、自觉实践法

自觉实践法是苏联20世纪60年代初期为矫正原先的自觉对比法的弊病而提出的一种新的改革法。它的最大特点是突出英语教学的语言实践倾向性，以保证学生在实践中掌握外语，同时又继承和保留了苏联教育的重要传统——自觉性。自觉实践法的创始人是苏联著名的心理学家别里亚耶夫。

20世纪50年代后期，苏联英语教学界对20世纪40年代开始采用的自觉对比法提出了尖锐的批评，认为这种方法偏重语言理论知识的讲解，过多地使用翻译和对比，忽视英语实践能力尤其是口语能力的培养，已经远不能适应当时社会对英语语言使用的需要。在这样的历史条件下，自觉实践法应运而生，它一方面借鉴欧美流行的听说法、视听法的长处，另一方面吸收苏联现代语言学、心理学的成就，并由此逐渐发展起来。

自觉实践法的教学原则是：

（1）交际性原则。这是20世纪70年代的自觉实践法区别于60年代刚形成的自觉实践法的主要标志，因为它把"英语教学的言语实践倾向性"进一步提高为"交际性"。由此得知：所谓实践，不只是一般的语言实践，而是具有交际性的言语实践。交际性原则被明确规定为自觉实践法带有根本性的头条原则和主导原则。

（2）自觉性原则。这是20世纪40年代自觉对比法的主导原则，自觉实践法对此有所继承，但也有修正和发展，而且没有把它放到主导地位。只要学生懂得所学语句的含义，并知道该句在何种交际场合下使用，即使他们不会对语法进行分析，也可算作"自觉"，从这些主张也可看出自觉实践法对交际的重视。

（3）情景性原则。心理学证明，如果掌握外语的过程能最大限度地接近真实的交际情景，那么其语言应用能力便能更快地提升。因此，主张在课堂上应多利用情景进行教学，仿照真实的交际情景组织语言材料，由交际情景决定句型的选择，这也是为交际性原则服务的。

（4）口语领先原则。在强调这一点的同时强调听、说、读、写并进。自觉实践法认为，只有首先通过口语掌握语言材料，才能为四会同时并进创造条件。口语领先的具体做法因教学目的和阶段的不同而有所不同，但在入门阶段一般没有口语导论课。

（5）考虑本族语原则。要利用本族语在知识、熟巧和技能方面的积极迁移作用，克服本族语的干扰。在课堂教学中利用本族语要有一定限度，不可滥用翻译和对比。只有在使用其他手段展示词义无效时，才使用翻译；只有在必要时，才进行两种语言的对比。

（6）综合性原则。英语课具有综合教学的性质，因此，应以综合教学为主，单项（语音、语法、词汇）教学为辅，把句子作为教学单位，在句法的基础上学习词法。初级阶段强调按句型体系安排教材。

（7）直观性原则。要求在各个教学阶段，广泛而系统地应用视觉、听觉、教具及其他教学技术手段，以保证学生对所学语言现象形成正确的概念。

（8）圆周式安排教学的原则。要求按几个教学阶段来安排教材，必须考虑是否每一个词汇和语法现象在现实交际和语言体系中都具有典型性和代表性，是否能够举一反三。最初，只安排语法范畴的基本意义和语法意义的典型表达手段，次要的意义、不太典型的用法和表达手段则安排到下几个阶段。这样，便可以保证从教学最初阶段起就能把语言作为交际工具来使用。这一原则一般分为初级、中级、高级三个阶段。

（9）考虑语体原则。这条原则实际上是交际性原则的延伸。以交际为目的的语言活动的结果，都是以语言作品的形式表现出来的，而真实的言语作品又都是带有一定的语体色彩的。例如，政论体、科技体、文艺体等。进行语言活动的人究竟采取何种语体，取决于交际目的、场合、社会身份等一系列复杂因素。总之，真正的语言作品从来都是具体的，都是以一定的语体表现出来的。因此，英语教学在一开始就应注意到语体问题，教给学生的材料都应力求带有一定的语体色彩。

自觉实践法的优点是吸收了直接法的实践性和视听法的情景性，改造了自觉对比法的自觉性，重视功能性和交际情景，它所提出的教法原则都值得我们借鉴。它的问题在于各种原则是否能够有机地结合起来；在领会知识、言语交际的过程中如何进行心理认识活动过程也有待进一步研究。但不管怎样，自觉实践法体现了现代英语教学走向折中的趋势，并曾为世界上80多个国家的英语教学界所采用，为英语教学发展做出了贡献。

自觉实践法的代表英语教材是斯塔尔科夫等人编写的《英语课本》。斯塔尔科夫是自觉实践法学派中有名的实干家，他的这部教材在20世纪60年代苏联的英语教学改革中起着开路先锋的作用。以该书第一册的内容为例：第一单元是口语入门课，为时半个学期；第二单元教字母表以及字母的手写体和印刷体；第三单元过渡到四会并举阶段。语法规则不做专门的单独讲授，而是融于每课课文之中。

五、认知结构法

认知结构法强调在英语教学中发挥学生的智力作用，重视对语言规则的理解，着眼于培养实际而又全面地运用英语语言的能力。认知结构法是在听说法受到抨击和挑战的情况下，于20世纪60年代产生的。美国著名心理学家卡鲁尔（J.B. Carroll）教授于1964年在 *Modern Version of Translation Method*（《语法翻译法的现代形式》）中首先提出了认知结构法。

瑞士著名心理学家皮亚杰（Jean Piaget）于20世纪60年代初创立了"发生认识论"，主要研究知识是怎样形成和发展的。皮亚杰认为，掌握新知识是一种智慧活动，而每一种智慧活动都含有一定的认识结构；人不同于动物，因为人是有智慧的，无论是接受刺激，还是对刺激做出反应都是受认识结构支配的。

美国著名心理学家布鲁纳（J.S. Bruner）的"基本结构理论"和"发现法"对英语教学影响很大。他在《课程论》《教学论》等著作中提出在教学过程中要让学生掌握基本结构（概念、基本原理、规则）。

布鲁纳认为掌握基本结构可以使学生更容易地理解本学科，有助于将所学知识长期保持在记忆中，有助于迁移，促进各学科的学习。

美国著名语言学家乔姆斯基（Noam Chomsky）认为语言是受规律支

配的体系；人类学习语言绝不是单纯的模仿、记忆过程，而是创造性活用过程。

另一位认知心理学家奥斯贝尔（D.P. Ausubel）认为学习有两种：一种是机械性的学习，这是一种在意义上无联系的孤立的学习；另一种是有意义的学习，即认知学习。

（一）认知结构法的基本原则

（1）英语教学要以学生为中心。认知结构法注意对学生的研究，主张在研究"学"的基础上研究"教"的问题，使教和学有机地结合起来。认知法认为要培养学生具有正确的学习态度、坚定的学习信心，要激发学生浓厚的学习兴趣和顽强的学习毅力，要发展学生的智力，掌握科学的学习方法。教学要以学生的实际操练为主，让学生通过积极参加大量的言语活动掌握运用英语的能力。

（2）在理解言语知识和规则的基础上操练英语，强调有意义的学习和有意义的操练。学生只有在掌握规则的基础上才能进行言语活动。英语教学首先应使学生了解英语的规则。讲授规则时可采用发现法即教师提供易于学生发现规则的语言材料，从已知到未知，让学生在教师的指导下发现规则。但认知结构法并不要求学生死记规则，整个英语教学过程还是以操练为主的。

（3）听、说、读、写齐头并进，全面发展。认知结构法反对听说法提出的听说领先，主张在学习语音的同时就让学生学习文字，认为文字是成年人学习英语不可缺少的手段，听、说、读、写是相辅相成、互相促进的，多种感觉器官的综合运用是成年人学习英语的最好途径。

（4）利用母语。认知结构法认为母语是学生已有的经验，是学习外语的基础，排斥母语是一种莫大的损失。认知法受乔姆斯基生成语法的启示，认为各种语言的语法具有一定的普遍性、共同性，其区别只是表达形式不同而已。有的语言学家称之为"普遍语法"(universal grammar)。学生学习外语时母语的语法知识、概念、规则必然会转移到外语学习中去，从而促进外语的学习。当然母语与外语在结构上也有不同之处，学生学习外语时往往是用母语代替所学外语，这会对外语学习产生干扰作用。因此，教师在教学过程中应对母语和所学外语进行必要的、有限度的对比分析，从而使教学工作具有预见性、针对性。

（5）对错误进行分析和疏导。认知结构法认为语言的习得是按假设—验证—纠正的过程进行的，在这个过程中出现错误是在所难免的。教师要对学生所犯的错误进行分析，了解学生犯错误的原因，有针对性地加以解决，并作为改进教学的依据。教师对影响交际的错误要加以纠正，对一般因疏忽、不熟练而产生的错误要加以指点，不要有误必纠，让学生有学习英语的轻松感，从而在学习中不断进步，逐渐培养正确运用语言的能力。

（6）广泛运用直观教具和电子化教学手段，使外语教学情景化、交际化。当今各学派的英语教学法已经呈现出明显的利用现代技术的趋势。认知结构法也认识到现代科学技术会使自己的教学法体系更加科学、现代化。

（二）认知结构法的教学过程

认知结构法的教学过程分为以下几个阶段：
（1）语言的理解阶段。理解是学生从事语言活动的基础，无论是句型操练，还是听、说、读、写的操练都必须在理解语言材料的基础上进行。

（2）培养语言能力阶段。母语是在母语自然环境中自然习得的。学习外语则不然，不仅要求理解语言知识、规则，还要具有正确使用语言的能力，这种语言能力是通过有意识、有组织的练习获得的。练习有识别性练习、动作反应练习、挑选图片练习、定义练习、多项选择练习、判断对错练习等多种形式。

（3）语言的运用阶段。主要是培养学生运用所学语言材料进行听、说、读、写的能力，特别是培养学生具有真实的交际能力。语言能力主要是通过操练课文的语言材料获得的。为了获得交际能力，必须脱离课文进行专门的交际性练习。例如，多种形式的交谈、就指定的题目进行讨论和座谈、即兴的对话、多种形式的叙述、口头作文、专题发言、口头翻译等。

在英语教学法的历史发展过程中，一直存在着翻译法和直接法两大流派的争执。到20世纪60年代，这种争执体现为认知法和听说法的争执。因为，认知法是翻译法的现代形式，而听说法是直接法的现代形式。认知结构法的理论基础是心理学中的认知学习理论,它强调英语教学应该以学生为中心的观点是一种全新的概念,因为以往的教学法忽略了对学习者的研究。认知学习理论即认知心理学,吸收了大脑生理学、信息论、语言学的最新成果,它作为认知结构法的基础,使英语教学法建立在更加科学的基础之上。但是,认知学习论尚处在形成和发展阶段,如何把这些理论应用到英语教学实践中还需要进一步探索。因此,认知法作为一个新的独立的英语教学法体系还不够完善,还需要从理论和实践两方面加以充实。

六、社团学习法

社团学习法是20世纪60年代初神父克伦(C.A. Curran)创立的。克伦毕业于美国芝加哥洛约雅拉大学心理学系。他从人们的心理动力学角度研究成人的学习,特别是成人学习英语的方法。在教学过程中通常采用小组集体学习的形式,故称社团学习法或集体学习法。社团学习法把师生关系看作医生和病人的关系,因此,病人、顾客和不知者就要向医生、顾问和知道者请教,所以,也有人称此法为咨询法或顾问法。

社团学习法以心理疗法为理论基础,研究心理疗法能否减轻成年人对英语学习的负担。人们在社会中共同生活,需要让人了解和取得他人的帮助,学习者在学习英语过程中遇到的问题和人们在心理疗法和心理咨询过程中遇到的问题异常相似。因此,克伦把学习英语过程比拟成病人向医生咨询病情,需要取得医生了解和帮助的过程。他倡导师生间要有创造性关系,这种师生间的相互信任和相互支持就能够为学生建立一个舒畅的学习环境,使学生能够充分发挥他们的主观能动性。

社团学习法认为学习是有价值的学习,即学生自觉地投入学习。投入学习的动机是由学生本身或文化、家庭、家教等需求所决定的。学生像病人得了病似的,向教师咨询,期望得到满意的答复,这是学生自身追求的目的,也正是投入学习的动力。成年人对新知识存在着固有的阻力,他们一开口总是习惯讲母语,而不是用外语交际。原因是缺乏自信,害怕说错丢面子。所以,英语教师在英语教学的开始要创造一个安全的环境,使学生仿佛回到了童年时代，相信教师并愿意学习陌生的声音和结构，减少惊奇和抵触情绪。

社团学习法在教学组织上坚持学生应该在学习小组中进行言语交际活动，就像他们在日常生活中进行会话一样，只不过刚开始使用的言语是由教师提供的，随着学生独立使用语言能力的提高，就会出现词语及语言材料内化的现象，最终达到自由地表达，使学生在轻松愉快的小组环境中一起学习，加强全组学生的相互热情支持和强烈的责任感。这样安全地、恳切地学习语言的方法才能真正体现人们学习的真谛。社团学习法的教学过程大致可以分为体验和反省两个阶段。体验主要指学生学习英语，用英语进行问答和讨论，开始有教师来帮助，逐步过渡到完全由学生自己进行独立活动；反省主要是指评价个人和小组集体学习法的表现。

社团学习法的优点是重视集体学习的效果，重视英语教学中人的学习价值、积极因素和心理特点，同时重视在实际运用中培养学生的交际能力，破除了传统教学中过分强调以教师为中心的观点，强调学生的主观能动性和潜在学习能力的发挥。它的缺点在于让教师只发挥顾问作用，这对教师的主观性和创造性有所低估，对语言知识的指导也略显不足。

七、自然法

自然法的创立者是德国外语教学法专家贝立兹（M.Berlitz），他主张在外语教学中力求创造与幼儿学习母语的自然环境（条件）相仿的环境（条件），并采用与幼儿学习母语的自然方法相一致的方法。因此，自然法是对幼儿学习母语自然过程的模仿。它把概念思想与英语听说直接联系起来，在教学中只用英语，绝对排斥本族语，通过各种直观手段教一切新的语言现象，用联想方法教抽象的词语；全部新的语言材料首先由教师口头传授，先听说、后读写；教材安排遵循由具体到抽象，由近到远，由易到难的原则。贝立兹于1878年在纽约创办贝立兹语言学校，用自然法原理教授成年人学习外语，取得了成功。

1977年，美国加州大学爱尔伐因分校的语言学副教授泰勒（Tracy D. Terrell）根据自己进行外语教学实验所积累的材料，美国南加州大学的语言学副教授克拉申（Stephen D. Krashen）根据自己的第二语言"习得理论"和"监察理论"，共同提出具有新原则的自然法。它的理论基础是第二语言习得理论。该理论认为语言习得只能在理解信息这一过程中产生，只有当获得理解输入，听读理解另一种语言时，人们才能习得语言。

也就是说，习得主要基于听和理解语言，而不是说和写。习得语言是无意识地掌握语言，是在自然情景中培养运用语言的能力，并在无意识中习得语法的一般规则。语言学习是有意识地学习语言规则和形式，认为发展语言交际能力的习得比学习更重要。

克拉申的监察理论又称监察模式（monitor model），是20世纪70年代末提出来的。他认为人的头脑中有两个独立的语言系统：一个是有意识的监察系统，另一个是潜意识系统。在语言使用时，两个系统都可以被激活。监察系统被视为一种"意识到的语法"(conscious grammar)，在语言学习过程中，它具有编辑和控制的功能，能使语言使用者有意识地编辑语言，注意语言形式的使用而不是语言内容的表达。

还有一个问题引起了自然法学派的重视，那就是习得语法结构有一个预定的顺序，即有的语法结构习得的早，有的语法结构习得的晚。布朗（K. Brown）有关第一语言的习得与杜雷和伯特有关第二语言习得的理论都发现儿童习得不同的语法结构有早有晚。例如，进行时态和复数常被首先习得，而所有格、动词现在时态第三人称单数结尾加"s"较晚才被习得。克拉申等人的研究证明：成人习得有些词素的自然顺序是相同的。

自然法的优点在于，把注意力集中在交流信息上，强调足够量的理解性输入；主张理解是表达的基础；在真实情景中进行交际，培养口头和笔头交际能力；同时着重情感对输入的促进和阻碍作用。自然法的缺点在于，习得过程需要较长时间；低估了学习对获得交际能力的作用和语法举一反三的指导作用；认为习得知识不能转化为学习知识，这是不恰当的，其实两者是相辅相成、互相促进的。

第三章　自主学习策略导向下的英语词汇与语法教学法创新

对于英语这门语言的学习而言，词汇与语法不仅是基础，而且必不可少。然而，学过英语的人都深有体会，由于词汇量很大，因此记忆起来特别枯燥，而且容易忘记。语法知识琐碎，学了这个忘了那个。可以说，词汇与语法是英语学习过程中的两个巨大的绊脚石。话虽如此，但这两项知识的学习又是不可或缺的。本章主要分析自主学习策略导向下的英语词汇与语法教学创新。

第一节　英语词汇教学及其教学法创新

一、英语词汇教学知识介绍

人们要想熟练地应用英语这门语言，首先就需要掌握大量的词汇。但是仅仅扩大词汇量是不够的，还要了解词汇的基本含义和其深层文化内涵，这样才能算是掌握了词汇，才能运用词汇进行跨文化交际，也才能算是达到了学习目标。

(一)什么是词汇

词汇是构成语言整体的重要细胞,是语言系统赖以存在的支柱,"如果把语言结构比作语言的骨架,那么是词汇为语言提供了重要的器官和血肉"。[1]可见,词汇对于语言以及语言学习非常重要。那么什么是词汇呢?关于这一问题,不同的学者有着不同的解释,可谓见仁见智,以下就对一些有代表性的观点进行分析。

路易斯(Lewis)对词汇进行了解释,他将词汇称为"词块"(lexical chunk),并把词块分为四种类型:单词(words)和短语(poly words);搭配(collocations);惯用话语(idioms);句子框架和引语(sentence frames and heads)。[2]

陆国强指出,词是语音、意义和语法特点三者相统一的整体,是语句的基本单位,而词的总和构成了词汇。

总体而言,词汇是包含词和词组在内的集合概念,能够执行一个给定的句法功能,是基本的言语单位。

关于什么是英语词汇教学,王笃勤认为,英语词汇教学是一项包含教学的进程和活动的策划在内,将词汇讲解作为教学内容,以学生充分认知和熟悉应用词汇为目标的教学活动。

简单来讲,词汇教学涵盖的范围十分广泛,而且是教学中最基础、最重要,也是最困难的环节。

---

[1] Harmer, J. The Practice of English Language Teaching[M]. London: Longman, 1990:158.
[2] Lewis,M. Second Language Vocabulary Acquisition[M]. Cambridge University Press, 1997: 255.

第三章　自主学习策略导向下的英语词汇与语法教学法创新

（二）英语词汇教学中存在的问题

1.教师教学中的问题

（1）教学方法单一，脱离英语语境

词汇的掌握对英语语言学习的重要性是不言而喻的，但词汇的记忆和掌握的过程又是枯燥和困难的，这就需要教师来缓解这种枯燥，需要教师创新教学方法来创设教学情境，营造教学氛围，激发学生学习的积极性和主动性。但就目前英语词汇教学的现状来看，教师并没有将心思花在教学方法的创新上，而是依然采用陈旧的教学方式，即教师领读单词，讲解词汇用法，学生记忆单词。基于这种课堂教学模式，学生的主体地位被忽视，学生只能被动地学习和记忆，积极性根本无法调动起来，甚至还会产生抵触情绪。此外，教师在教学中对词汇的整体性认识不足，没能将词汇放到具体的句子或情境中，最终导致学生对一词多义理解不深，限制了学生综合能力的提升。

实际上，任何一种语言都产生于实际应用，要想掌握地道的语言，必须沉浸在相应的语境中。我国的英语教育倾向仍十分明显，很多学生学习英语是为了通过考试，教师也将通过考试作为教学的目标，这样一来，就将英语语境的创设与英语教学割裂开来，只追求语言的外在表达方式，而不深入探究其内在的文化与逻辑，从而使得学生用汉语思维去理解应用。例如，"玫瑰"（rose）这一词语在英汉文化中都象征着爱情和美好，除此之外，在中国常用"带刺的玫瑰"形容那些性格刚烈的女子，而英语中常用"under the rose"表示要保守秘密。英语中"rose"的这一文化含义源自英国旧俗，如果在教学中不对此进行说明，学生很难理解和掌握其含义。但实际上，很多教师只从词汇处着手，而未创设语境，这样很难让学生充分体会英语这门语言的魅力，也难以让学生更好地投入学习。对此，教师在教学中应创设符合英语文化背景的语境，为学生营造一个英语交流环境，培养学生的英语思维，锻炼学生的词汇运用能力。

（2）教学效果不佳

词汇的学习和掌握要借助记忆来完成，但记忆是一个漫长的过程，如果学生不能在课后及时进行复习和巩固，记住的单词往往会在短时间内忘记。

在海量的词汇面前，学生常常会表现出畏惧感，由于缺乏高效的学习方式，加之教学方法不当，使得学生的学习热情不高。而且教师也未能为学生提供应用的机会，这样学生通过死记硬背方式记住的词汇很快就忘记，进而导致教学效果低下，学生的交际能力也受到限制。

（3）忽视跨文化意识培养

很多英语词语意义深刻，蕴含着丰富的文化信息，这些词语称为"文化负载词"。经调查显示，很多学生对这些文化负载词完全不了解。而这种情况在很大程度上体现了教师在词汇教学中忽视了文化负载词部分，未有意识地运用跨文化意识来培养学生的词汇能力。具体而言，教师存在的问题体现在以下几个方面。

首先，对文化教学不够重视。这具体体现为以下几点：教师在备课环节的教学目标没有文化意识目标；教师消极地跟随应试教育的脚步；学校很少组织与英语相关的活动。

其次，部分教师自身的文化素养不够。英语教师虽然具备了扎实的英语专业知识，但英语文化素养有所欠缺。作为学生的榜样，如果教师的文化素养不高，自然也就无法提高学生的文化素养。

最后，文化教学方法不当。教师文化教学的方法比较单一，基本上是讲授法、多媒体展示法等，大部分教师只是在课堂教学中偶尔提到一些特殊词的文化背景，而很少有意识地渗透文化知识。这种教学方式就造成学生只了解词汇的表面意义，而不理解词汇的深层文化内涵。

事实上，跨文化意识和词汇教学是相辅相成的，教师在词汇教学中融入文化知识，能够提升学生的词汇能力和跨文化意识，而词汇量的增加又能进一步帮助学生更好的理解西方文化，培养其跨文化意识。

2.学生学习中的问题

（1）重知识记忆，轻思维锻炼

在词汇学习过程中，很多学生仅仅依靠死记硬背来记忆单词，这种方法并未将思维的锻炼融入进去，学生也很快忘记。实际上，每一个单词都有应用的语境，只有在具体的语境中，才能保证准确性，因此学生在对词汇加以理解时需要从具体的语境出发，这样才能达到词汇学习的效果。

第三章 自主学习策略导向下的英语词汇与语法教学法创新

而忽视英语思维的培养是在长久的汉语语境中熏陶下产生的惯性思维,很多学生都习惯运用汉语的语言逻辑去理解、解释和使用英语,由于英语和汉语二者背后的文化与逻辑存在差异和冲突,因此必然会影响学生对英语的有效运用。实际上,无论是英语还是其他语言,只有深入了解语言的内在逻辑,才能做到自如运用。英语思维的培养不能仅仅靠记忆单词或背诵句子技能,还需要学生充分理解英汉语言背后的文化历史,这样才能做到掌握英语这门语言。

(2)语义内涵的理解程度差

我国学生是在汉语环境下学习英语的,所以在理解英语词汇的语义内涵时,会不同程度地受到汉语文化的影响,而英汉词汇之间的语义不对等现象会给学生的词汇理解带来困难。具体而言,一方面,学生在本民族文化传统的影响下会形成思维定式,在理解英语词汇时会出现文化语义的偏差;另一方面,中西文化观念冲突会让学生思维混乱,对英语感到束手无策。如果教师忽视词汇文化背景知识的输入,学生在理解英语词汇时就会出现偏差,甚至会在使用中产生误用问题。

(3)缺乏探究意识

一般来说,学生应该主动地去学习词汇,但是在实际的英语词汇学习中,很多学生仍旧从教师那里获取,不寻找其他的获取渠道,这样的学习就是被动的学习,长此以往,词汇掌握的量也是不充分的。同时,学生不会去主动探究词汇,也无法得知词汇文化的背景知识,这样的词汇学习也会使学生逐渐失去兴趣和积极性。

(三)英语词汇教学中的障碍

语言是文化的载体,文化影响着语言,二者密切相关。不同民族的文化有着区别于其他民族文化的特色,而这种差异也会在语言中表现出来,并对语言起着重要的影响作用。就英汉民族而言,二者有着不同的历史文化、生活环境等,由此产生的文化差异会对学习英语词汇造成一定的影响。了解英汉文化差异以及对英语词汇教学产生的影响,可使教师和学生充分了解文化因素的重要性,进而有意识地进行文化教学和文化学习。

1.词汇空缺层面的影响

不同民族的语言和文化不尽相同，反映在词汇层面就会形成不同的个性，即一个民族的词汇可能在另外一个民族是不存在的，这些词汇的概念与意义对于其他民族是非常陌生的，这就是所谓的"词汇空缺"。

在英汉语言中常会见到词汇空缺现象。例如，英语中有"strong point"和"weak point"的说法，但汉语中只有"弱点"而没有"强点"的说法。再如，汉语中"长处"和"短处"的说法，但英语中只有"shortcoming"而没有"longcoming"的说法。

2.文化缺位与文化错位层面的影响

（1）文化缺位

"文化缺位"这一概念首先是由苏联著名的翻译理论家索罗金等人提出的。所谓"文化缺位"，即在不同民族之间所有事物、所有观念存在的空缺情况。人们在接受新的文化信息的时候，往往会将已有的旧文化认知激活，从而构建对新文化信息的理解与把握。不同的民族，他们的文化认知也必然存在差异，正是这种差异的存在，导致文化缺位的产生。

文化缺位具有不理解性。例如，在英语语言中，曲折现象是非常常见的现象，名词数、格、时态等也都是有着深层的意义。这很难被以汉语为母语的人理解。

（2）文化错位

所谓文化错位，即人们对同一文化事物、同一文化现象产生的内涵解读与认知联想上的错位。文化错位现象常常在不同的文化圈内发生。一般来说，一个文化圈的人只对本圈的事物有一定的认知，而对其他文化圈的事物不了解或者缺乏认知，这样导致在跨文化交际的过程中，人们习惯用本圈的认知对其他文化圈的事物加以判断，从而产生文化错位。

同一文化事物、同一文化现象在不同的文化圈里会有不同的指称形式，也可能会产生不同的联想。即便处于同一种原因中，虽然读音相同、词语文字相近，其内涵意义也可能存在某些差异，这就是文化错位的表现。下面具体来分析文化错位的几种类型。

第三章　自主学习策略导向下的英语词汇与语法教学法创新

1）指称错位。每一个民族，其对事物的分类标准都有各自的特征，都习惯用自己熟悉的事物对其他事物进行指称。

指称错位即在不同的文化环境下，同一事物、同一现象在语言上的指称概念存在错位性差异。当然，造成这一错位性差异的因素有很多，如历史差异、第一差异等。这些差异导致有些词汇的表面意义相同，但是实质含义不同，或者指称含义相同，但是表达形式不同，或者表达形式相同，但指称含义不同。

2）情感错位。所谓情感错位，即在不同的文化背景下，人们对同一事物、同一现象所赋予的情感会存在错位现象。不同民族，其情感倾向可能是不同的，这就有可能造成情感错位。一般来说，情感错位包含如下两点。

①宏观情感错位。基于哲学的背景，中西方国家对同样的事物的情感倾向会存在明显差异，这就导致价值判断的差异性。中国人往往比较注重共性，比较内敛；相比之下，西方人注重个性，比较直接。因此，在跨文化交际的过程中，会出现宏观情感的错位。例如：

无论是在英语中，还是在汉语中，表达感谢的言语行为是十分常见的，但是所使用的的频次与场合却存在明显差异。西方人不仅对同事、上司、陌生人的帮助表达深深的感谢，对那些关系亲密的朋友、亲属也会表达谢意。例如，丈夫给妻子冲一杯咖啡，妻子会表达感谢；儿子给爸爸拿一份报纸，爸爸也会表达感谢等。与之相比，由于中国人的传统观念，下属为上司办事是应尽的义务，因此没必要说感谢，而且家庭成员之间不需要表达感谢，因为在中国人看来，亲属之间表达感谢会让人觉得很见外。另外，对他人给予的夸奖或者关心，西方人都会表达感谢。例如，西方人觉得别人关心自己时，往往会说"Have a good flight？""Not at all bad, thank you."用这样的话语表达对对方的感谢。同时，西方人在公共场合发言之后，一定要听到听众的道谢之声，这样才能让发言者感受到听众在认真地听他说话。因此，"Thank you！"在英语中使用频率颇高，甚至高于汉语中的"谢谢"。中国人在表达感谢时主要是感谢人，而西方人除了要感谢人，还要感谢物品，甚至会感谢时间。因此，西方人常用"Thank you for your time."等表达。

受传统文化的影响，拒绝在英汉言语交际行为中也非常常见。拒绝主要是围绕请求、邀请等展开的。汉语拒绝言语行为的因素主要是社会地位，地位较低者在拒绝地位较高者的建议或者请求时，往往会感到遗憾和道歉，而地位较高者拒绝地位较低者时往往不需要道歉。受平等人际关系取向的影响，西方人对社会地位较高的人并不会向中国人那样敏感，反而他们会十分关心地位是否平等，不同社会地位的人在拒绝建议与请求时，都会表达遗憾和道歉。如果关系较为明朗，如亲朋之间，美国人倾向于使用"no"等更为直接的方式；如果关系不够明朗，即较为熟悉的同事与同学之间，人们倾向于间接的拒绝，具体如下。

表示遗憾："I am sorry…"

陈述拒绝原因："I have a headache."

对请求者移情："Don't worry about it."

表示自己的态度语："I'd like to but…"

哲理性的表态："One can't be too careful？"

原则的表示："I never do business with friends."

表示未来可能接受请求的愿望或可能性："If you had asked me earlier…"

此外，寒暄非常常见，如果一个人善于寒暄，那么他就更容易打开交际，如果一个人不善于寒暄，那么就会让对方感到冷场，交谈很难进行下去。虽然寒暄语并不会传递什么有价值的信息，但是在交际中也是非常重要的。交际双方在意的并不是寒暄语的语义，而是其所传达的情感。中国人在寒暄时往往会说"到哪去？""你吃了吗？"这些话语仅仅是为了客套，问答的双方都不会将其视作有意义的话题。但是，西方人听到这类的话会认为你要请他吃饭或者其他什么目的。西方人见面时往往会说"Hi""Hello""Good morning"等，但是不会询问与他人隐私相关的事情。此外，中国人在寒暄时往往会问一些与钱财、年龄等相关的话题，对方也不会介意，但是如果西方人听到这样的问题，会认为你侵犯了他人的隐私。西方人在寒暄时往往会谈及天气等与个人无关的话题。另外，中国人在见面时往往会根据具体的情况说"买菜呀！""打球呢！"这样的话，西方人很难理解这些描述，认为这些话没有任何意义。中国人还往往以称呼来与对方进行寒暄，如"张老师""李总"这样的称呼，是对老师、上司的尊称。

②微观情感错位。微观情感错位是人们对具体事物的情感倾向的错位。例如：

第三章　自主学习策略导向下的英语词汇与语法教学法创新

在汉语中，数字"五"有着特别重要的意义。在中国古代，有"五行"之说，即"金、木、水、火、土"这五大元素。在这五行之中，五大元素相克相存。同时，"五"在数字一到九中居于中间，是奇数，也是阳数。五行相克展现了中华民族的辩证思维，呈现的也是汉民族的价值观，具有深远的哲学意义。英语中与"five"相关的习语并不多见，因为西方人认为"five"这个数字很不吉祥。并且，英语中"five"的构词能力与其他数字相较而言是较弱的。又如，在中国人眼中，"七"是比较忌讳的，如人死后的第七天被称为"头七"，七七四十九天会还魂，家属需要告慰亡魂。正是因为七有着这样的寓意，所以中国人避讳送礼送七件，而往往选择八件。

（四）英语词汇教学的常见方法

目前，英语词汇教学存在着诸多问题，教学现状并不佳。对此，为了切实提高英语词汇教学的效果，提升学生的词汇水平，培养学生的跨文化意识，就需要在遵循基本教学原则的基础上，对教学方法进行优化，即选用新颖、有效的方法开展教学。

1.讲授文化知识法

在词汇教学中，教师可以采用教授法开展文化教学，即教师直接向学生展示文化承载词的分类及内涵等，同时通过图像、声音结合的方式列举生动的例子加以说明，直观地培养学生对文化的兴趣。只有熟悉了英语文化，才能让学生透彻地了解英语词汇。学习语言时不能只单纯地学习语音、词汇和语法，还要接触和探索这种语言背后的文化，在语言和文化的双重作用下，才能真正掌握英语这门语言。采用直接讲授法讲授文化，既省事又有效率。而且这些文化不受时空的限制，方便学生查找和自学。

例如"山羊"（goat），在汉语环境中，"山羊"一般扮演的是老实巴交的角色，由"替罪羊"这一词就可以了解到；在英语环境中，"goat"则表示"好色之徒""色鬼"。在词汇学习过程中，要深入了解和尊重中西方文化，这样才能更好地将词汇运用于交际。

再如，根据当下流行的垃圾分类，教师可以让学生翻译这四类垃圾：干垃圾、湿垃圾、有害垃圾、可回收垃圾。大部分学生都会将"垃圾"一词翻译为"garbage",实际上正确的翻译应是"waste"。由这两个词就可以看出中西方文化差异。在英语中,"garbage"主要指事物或者纸张,"waste"主要是指人不再需要的物质,可以看出"waste"的范围更广,其意思是"废物"。当翻译"干垃圾"和"湿垃圾"时,学生又会翻译得五花八门,实际上"干垃圾"是"residual waste","湿垃圾"是"household food waste"。所以,学生有必要深入了解中西方文化的异同,这样才能学好词汇,才会形成英语思维,进而形成跨文化交际能力。

2.创设文化情境法

语言只有在语境中才能焕发生机与活力,单独去看某个词汇很难在其中发现个中韵味,但是一经组合和运用,语言便有了生命力。因此,教师应创设信息丰富的环境,为学生提供真实的语言环境和大量的语言输入,使学生在逼真的语境中学习英语,给学生提供学习和运用词汇的机会。教师可以设计一些活动,如组织学生观看电影,然后指导学生进行角色扮演,让学生经历真实的跨文化交际情景,培养学生的跨文化交际能力。

除组织跨文化交际活动外,教师还可以组合一些课外活动,让学生切实感受英语文化,扩充词汇文化资源,培养学生的跨文化交际能力。例如,《疯狂动物城》这部动画片深受学生的喜爱,但大部分学生并没有注意这部影片的名字 Zootopia,也没有对其进行探究,觉得这是电影中虚构的一个地方。如果学生知道乌托邦的英文是"Utopia",可能会理解这个复合词"Zootopia"是由"zoo"(动物)和"Utopia"(乌托邦)结合而来。实际上,很多学生连汉语文化中的"乌托邦"都不了解,更不用说英语文化了。其实,"乌托邦"就是理想国,Zootopia 就是动物理想国,动物之间没有相互杀戮的地方。如果学生在观看电影前能对其中的文化进行探索,或者教师稍微引导,那么观影的效果就会更好,而且在欣赏影片的同时能掌握文化知识。

3.词汇知识扩充法

词汇学习不能仅依靠教师的课堂讲授,还要依靠学生的课外自主学习,对此教师应有效引导学生充分利用课外时间来自主扩充词汇量,丰富词汇文化知识。

（1）推荐阅读

教师可以向学生推荐一些课外读本，如《英语学习文化背景》《英美概况》等，让学生利用课余时间进行阅读。通过阅读英语名著，学生不仅能充分了解西方文化背景知识，扩大文化视野，还能积累丰富的词汇，了解词汇的运用背景以及词汇的文化含义，更能培养学生良好的自主学习习惯，促使学生终身学习。可见，阅读英语书籍对学生的词汇学习而言是非常有意义的。

这不仅能培养学生的自主学习能力，还能丰富学生的文化知识，扩充学生的词汇量。

（2）观看英语电影

现在的学生对于英语电影有着浓厚的兴趣，对此教师可以借助英语电影来提高学生的词汇能力。具体而言，教师可以选取一些蕴含浓厚英美文化，并且语言地道、通俗易懂的电影让学生观看。这样学生可以在欣赏影片的过程中，切实感受英美文化，提高文化素质和词汇能力，同时提升学习词汇的兴趣。

二、英语词汇教学创新的原则

英语词汇教学的开展应遵循一定的原则，这样可以使教学更加有效地进行，可以更好地培养学生词汇能力和跨文化交际能力。具体而言，英语词汇教学应遵循以下几项原则。

（一）联系文化原则

语言与文化密切相关，很多词汇都蕴含着丰富的文化，而且词汇学习的最终目的也是进行跨文化交际，因此联系文化原则也应是英语词汇教学遵循的一个重要原则。遵循联系文化原则是指，在英语词汇教学过程中，词义的讲解、结构的分析都应与文化相联系。充分理解语言文化，有助于加深对词汇的理解，全面掌握词汇的演变规律，有效地运用词汇。

（二）词汇运用原则

学习词汇并非为了单纯记忆词汇，而是为了在交际过程中有效运用词汇，因此在英语词汇教学中，教师应遵循词汇运用原则。这一原则是指教学中教师不仅要讲授词汇知识，还要引导学生对词汇加以运用。具体而言，教师在教学中要设计符合学生学习特点的教学活动，让学生积极参与教学互动，进而锻炼词汇运用能力。

（三）新潮性原则

在科技迅速发展的大数据时代，学生有着开放的思想、新潮的想法，而且无论是学习还是生活，都与信息异常密切。对此，英语词汇教学应顺应社会的发展趋势和学生的需求，与时俱进，具有新潮性。教师除了教授教材中的词语，还可以适时传授一些热门新词，如"selfie"（自拍），"bestie"（闺蜜）等，这样学生就会切实感受到语言的鲜活性和发展性，学习词汇的积极性兴趣也会随之提高。

（四）循序渐进原则

任何教学都应遵循循序渐进原则，英语词汇教学也不例外。具体而言，在词汇教学中遵循这一原则是指教学中在数量和质量平衡的基础上对所教内容逐层加深。基于循序渐进原则，英语词汇教学不能仅仅重视学生对词汇数量的掌握，也应重视学生对词汇质量的把握，要做到在增加学生词汇数量的基础上，提升学生对词汇使用的熟练程度。

逐层加深是指英语词汇教学应由浅入深、层层递进地进行，因为课堂教学中不可能一次性教授词汇的所有语义，学生也不可能一次性掌握全部知识。总体而言，在英语词汇教学中，教师要避免急于求成，应由浅入深地推进教学，让学生一步步加深对单词意义的了解和对单词用法的掌握，进而提升学生的学习效率和英语词汇水平。

（五）重复性原则

遗忘是伴随着记忆而行的，在学生的词汇学习中，不可避免地会产生遗忘问题，如果每天不加以复习和巩固，将很难牢固掌握词汇，对此英语词汇教学应遵循重复性原则。这一原则是指在教学中将新旧词汇结合起来，利用已经教授过的词汇来教授新的词汇，以便让学生对旧的词汇加以巩固，同时有效拓展和掌握新的词汇。

三、英语词汇教学方法的创新

词汇是构成语言的三大要素之一，是语言的基本建筑材料。人类的思维活动与交际活动主要是通过词汇构成的句子来实现的。没有词汇就没有语言，一个人掌握的词汇越多，思维能力和交际能力就越强。

我国学生学英语，学习词汇是一大难关。难在记忆和运用两个方面，主要原因是方法不科学。英语单词包括音、形、义、性四个方面的内容，这四个方面是密切相连的。学习方法不科学表现在两个方面：一是互相孤立，二是顾此失彼。学习英语不注意它们四个方面之间的联系或不会联系，就会觉得难记忆。词汇的四个方面缺一个都不行，很多人往往忽略词性，不懂词性就不会运用，不会用学了有什么用。学习中应该充分利用它们之间的联系，克服记忆难的问题。在词汇教学中这四个方面的内容如何进行，如何利用它们之间的联系记忆词汇，下面就这些问题做些分析。

（一）词汇读音的教授

声音是词汇的物质外壳，词汇都是以一定的声音作为其存在的基础，没有声音的词是不存在的。词的音、形、义、性四个方面，音是居首位的，学习词汇首先应该学它的读音。学词汇的读音要注意三点。

自主学习策略导向下的英语教学法研究

1.学习词汇的读音要重视第一次感知

词汇学习第一次感知很重要，因为第一印象对于人们来说往往最深刻。因此，教师在生词教学中，第一次感知一定要给学生以正确、深刻的印象。教师不仅要发音准确，而且要选择恰当的方法呈现词汇的语音形象，这样才能使学生正确领悟、深刻感知。

素质英语教学法为了使学生学习词汇一开始就获得深刻的语音形象，非常重视运用直观教学手段。直观教学手段有利于调动学生的求知欲望，使他们处于积极的思维状态，积极主动地去感知新词汇。直观手段可以引起学生的兴趣，使学生的高级神经处于活跃状态，从而对词汇的语音形象感知深刻。例如，我们呈现给学生一支钢笔，学生看到钢笔会很想知道"钢笔"英语怎么说。这时说出pen［pen］，学生的注意力很自然地集中到pen［pen］这个语音形象上。有时我们也可以先说出词的读音，启发学生把这一语音与某一具体事物联系起来。例如，我们在黑板上挂起一幅画，画中有汽车、轮船和飞机，教师可以指着画对学生说："This is a car. That is a ship. What's it? It's a plane."如果学生已学过"car"和"ship"，他们会很快理解老师的意思。如果没学过"plane"，就会引起学生的注意，他们就会主动地把它的读音与画中的飞机联系起来。这样，就达到了调动学生的积极性使他们主动进行思维的目的。

要注意采用直观教学手段，要恰当、自然，画面要简单明了，不易造成混乱而分散学生的注意力。教师的手势、表情要适当、恰如其分，过分了会影响感知，违背直观教学目的。

2.重视词汇语音教学中的对比

学习英语词汇的读音不仅要重视词的读音与词义的联系，还要重视词与词之间读音的联系。实践证明，识记相互联系的词比识记孤立的、毫无联系的词效果要好。这是因为学生生活经验中，已经有这种表象之间的联系，可以帮助各个词读音形象的确立。例如，学了"pencil"［pensl］，如果只注意把音的形象与词义"铅笔"这个概念联系起来，只能建立短暂记忆，但是，如果把这个读音与学过的［pen］联系起来做些比较，这两个词的读音就成

第三章　自主学习策略导向下的英语词汇与语法教学法创新

为互为记忆的条件，就易于储存。

3.重视词汇语音教学中的及时强化

词的语音形象建立以后，需要经过一个强化过程，才能真正记住。这是因为，词的语音形象的建立是通过意识储存下来的，是通过大脑皮质的优势兴奋区形成的暂时联系，要经过反复强化才能记住，要经过发音器官的反复操练，使发音器官的动觉和听觉结合起来，才能形成熟练的技能，使记忆更牢固。

重视对刚学过的生词进行读音分析，其目的也在于强化语音形象，然后将其纳入一定的语言情景之中，进行听说读写循环。其中的听、说就使发音器官的动觉和听觉结合起来，形成熟练的技能，使所学词汇的语音形象记得更牢固。这种方法不仅重视第一次感知，而且通过对比分析强化第一感知建立起来的语音形象。它还通过循环过程，使新学的词汇反复再现，不仅有效地阻止了因大脑皮质建立的暂时联系而产生的抑制作用使语音记忆消退，而且因为反复再现经常唤起音响回忆，从而有效地巩固词汇的语音形象。

这里用到联系对比和分析，目的是培养发散思维。在词汇语音学习中所采取的重视记忆中第一次感知，联系对比和通过循环运动记忆及时强化，都是采取科学的方法开发智力中记忆力。与素质培养一样，智力的开发也必须采取科学的方法才能有效。如果不注意科学方法的运用，一味采取死记硬背的方式，不仅记忆效果不好，智力也很难得到开发。

（二）单词拼写的教授

单词拼写是指单词的书写形式。单词拼写最重要的是书写形式要正确。要保证书写正确无误，如何正确记忆单词的书写形式是关键的一环。中国人学英语难，最重要的就是记忆单词的书写形式难。记忆单词的方法很多，但必须注意方法的科学性。如果不讲究方法，一味地要学生背字母，那就很难记住；即使费了很大劲记住了，过不了多久就又忘记了。

英语单词的"音"和"形"是相互依存的，单词的"音"存在于"形"

中，其"形"体现着音气拼读是拼写的基础，拼写促进着拼读。不懂得这种依存关系，教学中孤立地对待它们，就会造成教学失败。词汇教学应充分利用它们之间的依存关系，互相促进，使学生对词汇好学、好记。学生学说首先要听准读音，要学会词的读音就要结合拼读，学拼写也要结合拼读。也就是说，学词汇要会听、会说、会读、会写，记忆单词最重要、最基本的方法也是把单词的拼写与拼读联系起来。

有这样一位外语教师，她教的学生是从幼儿园开始学习英语的，她一直教他们到六年级。谈起她的外语教学，她说："虽然别人给了我许多赞誉，但是我内心里仍感到很丧气，因为我觉得自己的教学都是失败的。"她说她开始使用交际法教学生外语，五、六年级学生的口语甚至比有些高中学生还流利，受到一片赞扬。可是当一位中学教师拿起学生学的课本让一位口语很好的学生读时，这个学生不仅不会读，而且说书中的词他都不认得。这位教师说她觉得脸红，一向被认为学习不错的学生怎么会这样呢？这位中学老师建议她用"三位一体"教学法教学单词，她照着做了。

一段时间过去了，学生倒是会认读英语单词了，也会读课文了；后来她的学生上了中学，一天中学的外语教师对她说，她教的学生到中学后考试成绩很差，都不会写。对此她感到不理解，她教的学生能说会读，怎么就不会写呢？她再一次感觉到教学的失败，她虽然很丧气，但并没灰心。一个偶然的机会她听到了"循环式英语教学法"——把拼写与拼读相结合记单词的方法，这使她兴奋不异，她觉得找到了出路。

这就是学会拼读之后，应进一步学习26个字母和一些字母组合在单词中的读音规则。掌握了这些规则，单词会读了，按读音、按规则、按音节就可以写出单词，这样音和形的结合容易在大脑中生根，就能记住单词的书写形式。反过来，看到词的书写形式，只要符合读音规则，不用查词典，不用看音标，根据读音规则就可以读出它的音来。这样一来，不仅单词记得快、记得牢，而且方便、快捷。

运用读音规则拼写单词，是通过读音规则把单词的书写形式与语音形式联系起来，揭示单词音和形之间的内在联系；同时，又遵循它们之间的规律，按其固有规律认识英语单词，按其固有规律记忆它们的音和形，使单词音的记忆促进单词形的记忆，反过来又使形的记忆促进音的巩固。例如：当

第三章　自主学习策略导向下的英语词汇与语法教学法创新

你拼读出"park"的读音时，根据读音规则，你就会想到字母组合"ar"读［a:］，字母"p"读［p］，字母"k"读［k］，根据读音和读音规则，你就可以写出这个词的书写形式"park"。掌握了这些规则，反过来，当你看到"park"时，虽然没学过这个词，你也可以根据其书写形式，按照读音规则，不用查字典，就可以拼读出这个词的读音。

当然，并不是所有的词都符合读音规则，但是即使不规则的词也不是每个音都不符合读音规则，不符合读音规则的只是个别的字母或音节。对于不符合读音规则的词，可以记着不符合规则的地方，其他符合规则的地方仍按规则记，同样可以按照这种方法拼写和记住单词。有的人认为英语单词有很多不符合读音规则，因此就否定了这种记忆英语单词的方法。这种抓住一点否定全盘的做法不是科学的态度。世界上一切事物都有普遍规律和特殊规律，因此，我们做事也不能千篇一律使用一个方法。我们在教学生按规律办事的同时，还要教学生学会处理特殊情况。教师在教学中应鼓励学生从所学的这些规则以外的特例中不断总结出一些新规则，学生掌握的读音规则越多，记单词就越容易。这样，也锻炼了学生总结归纳问题的能力和发现新问题的能力。

也有人认为，这种方法麻烦，要记那么多的规则，不如背字母省事。要看到规则与单词相比微乎其微，而且判断哪种方法好，要从总体看哪种方法省时省力，效果更好。背字母的方法简单，但是你记不住单词，费很大劲一时记住了，过后又忘了，简单又有什么用？素质英语教学法的拼写单词的方法看起来麻烦了点，但是它管用，不用死记硬背，只要会读也就会写，而且不会忘。

拼读是记忆词汇的读音形式，拼写是记忆词汇的书写形式，都是在开发智力中的记忆。拼写要求重视词的音和形的依存关系，这当然只有通过联系对比才能发现它们的依存关系。另外，还要注意以音节为单位，一个音节一个音节记忆，还要注意字母和字母组合在词中的读音规则，才发现音和形的依存关系。这就是要做到按读音、按规则、按音节记忆，才容易记忆。规则是一种行为准则，读音规则就是拼读单词带有规律性的准则，具有依一贯十的规律性。遵照这种读音规则记忆单词，自然容易记忆。

· 55 ·

（三）词义的教授

学习外语词汇的最直接的目的就是了解它的词义，学习它的音和形都是为了解词义服务的。如何学习外语词义呢？就我们中国人学习英语来说，最简单的方法是一个英语单词给一个汉语释义。这固然是不可少的，但是从外语学习最终要达到的目的和要取得的效果看，这种方法不是最好的方法。因为，一方面英语和汉语词汇的词义有很多不是完全等同的而只是相近，这种汉语对英语词汇释义往往是不确切的，而且英语和汉语词汇都存在有一词多义，这种释义方法很容易产生误解；另一方面，它要增加记忆环节，增加学生记忆负担，也就是为此要记忆两种语言的读音、两种语言的意义、两种语言的书写形式。要真正学好外语必须尽快、尽早摆脱母语的束缚，养成用外语理解意义、用外语思维的习惯。过于依赖母语释义就难以摆脱母语束缚，难以养成用外语思维的习惯；没有外语思维的习惯是难以学好外语的。

1. 学习词义的科学方法

运用直观教学教词义。运用实物、挂图、模型等展示所教英语词汇的词义，使学生不需通过母语，直接理解英语词汇的意义。这样做，可以减少不必要的记忆环节，可以提高记忆词义的效率。例如，教"apple"，直接拿出一个苹果，告诉学生说："This is an apple."学生就直接把"apple"与苹果联系起来，不需要把"apple"的拼写形式与汉语书写形式"苹果"相联系。再如，学习英语单词"keep"（作"保持"讲），学生用汉语就很难理解"keep"的确切意义，但如果用图画表示，可能会很容易理解。如果让学生看一幅画，一个男孩儿头上顶一个碗，配音是"He can keep the bowl on his head for a long time."学生对"keep"的意义理解得会很深刻。

运用手势动作和表情教词义。教师运用手势和表情教词义也可以使学生直接理解英语词义，避免用母语记忆词义这一不必要的环节。例如，教单词"big, small, long, short, open, close"等，教师可以用手势、动作使学生直接理解词义；教单词"laugh, smile, happy, sad"等，教师可以通过自己的表情让学生直接理解词义。

用英语解释英语词义。英语词汇有很多是不能用直观教学方法教词义

第三章　自主学习策略导向下的英语词汇与语法教学法创新

的，也不能用手势、动作和表情教词义，但是可以用英语解释它们的词义。用英语解释词义不仅可以避免母语思维和记忆的不必要环节，而且可以区别开汉语释义不能区别清楚的词与词的差别。例如，你要是学过"work"再学"job"时，通过英语解释"job—a piece of work"，不仅可以知道"job"和"work"是同义词，都是"工作"的意思，而且能区别它们的不同："job"是可数名词，"work"是不可数名词。同样，你学了"bread"再学"loaf"时，通过英语释义"loaf—a piece of bread"可知，"loaf"和"bread"是同义词面包，"loaf"是可数名词，"bread"是不可数名词。

运用汉语释义解释英语词义。英语词汇中有些抽象名词用英语解释很复杂，学生很难理解，反而没有汉语解释简单明了。遇到这种情况，最好还是用汉语解释。例如，"socialism"（社会主义），在《现代高级英汉双解字典》中是这样解释的——theory that land, transport, the chief industries, natural resources, etc. should be owned and managed by the state, or by public bodies in the interests of the community as a whole. 对这样的英语解释，学生花很长时间也摸不着头脑，要弄清其意思比较麻烦，还不如汉语解释简单明了。

从外语学习的观点看，这四种释义方法中第三种是最好的，因为它不受母语的限制，直接用英语思维；其次是第一、第二种方法，它们不是直接用汉语的释义，减少了汉语的阻碍作用，但是仍然摆脱不了汉语思维；第四种方法既要用汉语释义，又要用汉语思维，汉语的阻碍作用最大。因此在外语学习中，尽量使用第三种方法，第三种方法不行时用第一、第二种方法，没有办法时用第四种方法。

2.运用词的形与义相联系记单词

结合法。英语词汇中有许多词是由两个词合成的，这种词叫做合成词。要记住这种词的书写形式，首先应弄清它是由哪两个词合成的、每个词是什么意思、合成后的词又是什么意思。这样，可以让词义帮助记词形。这种词很多，例如：

bookshop（书店）=book（书）+ shop（商店）
doorbell（门铃）=door（门）+ bell（铃）
handbag（手提包）=hand（手）+ bag（袋，包）

mooncake（月饼）=moon（月亮）+ cake（饼子）

basketball（篮球）=basket（篮子）+ ball（球）

前缀法。有些词在前边加上一个表示特定意义的音节，使原来的词义发生变化，成为另外一个词，要记住它的书写形式，既要弄清这个词是什么意思，又要弄清加上的这个特定结构形式是什么意思，加上前缀后的新词又是什么意思。这种前缀有多种，例如：

（1）un-（不）+形容词（adj.）=形容词（adj.）

un- + fit（适合的）=unfit（不适合的）

un- + fair（公平的）=unfair（不公平的）

un- + usual（平常的）=unusual（不平常的）

un- + lucky（幸运的）=unlucky（不幸的）

un- + happy（幸福的，愉快的）=unhappy（不幸福的，不愉快的）

（2）dis-（不）+ 动词（n.）=动词（n.）

dis- + like（喜欢）=dislike（不喜欢）

dis- + able（使有能力）=disable（使无能力）

dis- + agree（同意）=disagree（不同意）

dis- + appear（出现）=disappear（消失）

dis- + believe（相信）=disbelieve（不肯相信）

（3）re-（再，又）+动词（v.）=动词（v.）

re- + tell（讲述）=retell（复述）

re- + read（读）=reread（重读）

re- + write（写）=rewrite（重写）

re- + build（建筑）=rebuild（再建，重建）

re- + collect（集合）=recollect（再集合）

（4）fore-（前）+名词（n.）=名词（n.）

fore- + arm（臂）=forearm n.（前臂）

fore- +foot（足）=forefoot n.（前足）

fore- + head（头）=forehead n.（前额）

fore- + front（前线）=forefront n.（最前线）

fore- + noon（中午）=forenoon n.（午前）

第三章　自主学习策略导向下的英语词汇与语法教学法创新

后缀法。有的词在后边加上一个特定的音节，使原来的词义发生变化，成为另外一个词。要记住它的书写形式，首先要弄清这个词是什么意思，加上的这个特定结构形式是什么意思，加上后缀后的新词又是什么意思。这样的后缀有多种，例如：

（1）名词（n.）+ ful（有的，富有的）=形容词（adj.）
use（使用）+ ful = useful（有用的）
hope（希望）+ ful = hopeful（有希望的）
care（细心）+ ful = careful（细心的）
help（帮助）+ ful = helpful（有帮助的）
wonder（奇迹）+ ful = wonderful（极好的）

（2）名词（n.）+ less（没有…的，不…的）=否定形容词
care（细心）+ less = careless（不细心的，粗心的）
help（帮助）+ less = helpless（没有帮助的）
home（家）+ less = homeless（没家的）
hope（希望）+ less = hopeless（没希望的）
comfort（舒适）+ less = comfortless adj.（不舒适的）

（3）形容词（adj.）+ ly（或变y为i +ly）（…地）=副词（adv.）
clear（清楚的）+ ly = clearly（清楚地）
quick（快的）+ ly = quickly（迅速地）
quiet（安静）+ ly = quietly（安静地）
kind（和善的）+ ly = kindly（和善地）
happy（幸福的）+ily = happily（幸福地）
noisy（喧闹的）+ily=noisily（喧闹地）

这里用了直觉思维、联系对比和逻辑推理。学习词义要与词的音和形结合起来，词义与词的音和形同样有依存关系。学习时要注意音、形、意结合起来学，听其音，观其形，就知其意，把构词法结合起来认识词形和词义的关系，也能起到同样的作用。另一方面，给单词释义有多种方法，要注意尽量使用最好的方法。所有这些都在告诉我们，学习词义要讲方法、讲科学。通过学习，在心灵深处产生的影响是做事要重视科学性，这是在从另一个方面培养我们的科学素质。

（四）词性的教授

英语的词有十大类，它们是：名词、代词、动词、形容词、副词、数词、冠词、连词、介词和感词。所学的词是属于什么词类，它的词性就是什么。词性表明词的属性，不同词性的词在句子中的作用不同，记忆词义必须记忆词性是因为记住了词性才知道它的用法。学习词汇的目的就在于学会运用，所以记忆词性是记忆词汇的重要任务之一。

词的音、形、义和性之间都有着密切的联系，学习时在记忆方面它们是互相促进的。外语教学离不开翻译，而且翻译也是外语教学要培养的重要的能力之一，即外语教学要培养学生的翻译能力，包括口译能力和笔译能力。汉语译成英语，口译是由义到音的转化，笔译是由汉语的义到英语的形的转化。英语译为汉语，口译是由英语的义向汉语的音的转化，笔译是由英语的义到汉语的形的转化。不管是哪种转化，都要正确地使用词、正确地使用词性才能实现转化。在英语教学中，英汉互译是一种重要的训练形式，可以促进词的音、形、义、性记忆的快速敏捷性，从而加强了对词义的记忆。词音、词形能够促进词义的记忆，词义能促进词的音和形的记忆，词性可以促进音、形、义的记忆。

因此，在英语词汇的学习中，音、形、义和性的记忆是相辅相成，互相促进的。孤立地记忆，或者是丢掉其中任何一项去记忆，效果都不会好。英语词汇中，有的词音同、形同、义同、性不同，有的词义同、音不同、形不同、性同。词汇学习时，可以利用词性与词形之间的关系加强词形的记忆，如利用后缀词性转换法通过词性转换记忆单词。

1.动词转化为名词

动词（v.）+ –er（–or, –r）或重复写重读闭节唯一的结尾辅音字母+er = 名词（n.）

read（读）+ –er = reader n.（读者）

lead（领导）+ –er = leader n.（领袖）

teach（教）+ –er = teacher n.（教师）

work（工作）+ –er = worker n.（工人）

第三章 自主学习策略导向下的英语词汇与语法教学法创新

sing（唱歌）+ –er = singer n.（歌唱家）
visit（参观）+ –or = visitor n.（参观）
invent（发明）+ –or = inventor n.（发明家）
drive（驾驶）+ –r = driver n.（驾驶员，司机）
write（写）+ –r = writer n.（作家）
run（跑）+ –ner = runner n.（赛跑的人，运动员）
win（获胜）+ –ner = winner n.（获胜者）
动词（v.）改变一个或几个字母变为名词（n.）

advise（劝告）	advice（劝告）
practice（练习）	practise（练习）
bleed（流血）	blood（血液）
speak（讲话）	speech（讲话）

动词（v.）+–ment =名词
move（移动）+–ment = movement（运动）
govern（统治）+–ment = government（政府）
agree（同意）+–ment = agreement（协议，同意）
equip（供给）+–ment = equipment（设备）
develop（发展）+–ment = development（发展）
动词（v.）去掉词尾 e + –tion（–ion,–ation）=名词（n.）

operate（手术）	operation（手术）
produce（生产）	production（生产）
introduce（介绍）	introduction（介绍）
examine（检查，考试）	examination（检查，考试）
organize（组织）	organization（组织）
liberate（解放）	liberation（解放）

动词（v.）+ –ing，或去掉词尾，或重复写重读闭节唯一的结尾辅音字母= 名词（n.）

build（建筑）+ –ing = building（建筑物，楼房）
cross（交叉）+ –ing = crossing（十字路口）
draw（画画）+ –ing = drawing（图画）

begin（开始）+ –ning = beginning（开始）

shop（购买）+ –ping = shopping（买东西）

2.名词转化为形容词

（1）名词（n.）+（或重读闭节重复写唯一的结尾辅音字母+ y）=形容词（adj.）

wind（风）　　　　　　windy（多风的）
snow（雪）　　　　　　snowy（多雪的）
health（健康）　　　　　healthy（健康的）
sun（太阳）　　　　　　sunny（阳光明媚的）
fun（滑稽，有趣）　　　funny（滑稽的，有趣的）

（2）形容词（adj.）+ ness或把t变为ce =名词（n.）

ill（病的）+ ness = illness（病）

dark（黑暗的）+ ness = darkness（黑暗）

sad（悲伤的）+ ness = sadness（悲伤）

busy（忙的）+ ness = business（事务）

silent（沉默的）　　　　silence（沉默）
distant（远的）　　　　　distance（远处）
different（不同的）　　　difference（不同的）
important（重要的）　　importance（重要）

词性与词的音、形、义之间都有着密切的联系，通过构词法，用联系对比和逻辑推理把它们联系起来，使学生培养了素质，还开发了智力。英语词汇学习是锻炼记忆力很好的形式，也是开发非智力因素很好的形式。

（五）循环式运用词汇

词汇的记忆分三个阶段：大脑对词汇的接收、保持记忆和再现记忆。接收是对词汇的感知，是对词汇的感性认识阶段。保持记忆是对词汇的全面认识和理解阶段，是理性认识阶段，在此基础上词汇开始在大脑中牢固储存。再现记忆是运用大脑中所记忆的词汇的阶段。如果大脑中记忆的词汇在需要

第三章 自主学习策略导向下的英语词汇与语法教学法创新

时能随时提取出来，说明记忆是有成效的；同时，这种词汇再现也是对词汇记忆的有效巩固。

学习词汇的过程中，开始接触时，读其音，观其形，记其义，都可以视为大脑对词汇的接收。这种情况下词汇在大脑中的保持只能算是瞬时记忆，只有一小部分可能过渡到短时记忆。如果词汇的学习仅限于此，词汇在大脑中所形成的记忆不能及时转入短时记忆，这种瞬时记忆很快就会消失。如果再联系词的音、形和义把词读一读、写一写、记一记，这就可能把词的记忆由瞬时记忆转为短时记忆，其中有一小部分可能会过渡到长时记忆中去。如果词汇的学习仅限于此，在大脑中形成的短时记忆不能及时转入长时记忆，这种短时记忆就会慢慢消失，也就是遗忘。如果再联系一下词性和用法，在实际生活中多用用，就可能把短时记忆转化为长时记忆。我们很多人学习外语词汇的方法大都是看到词汇后读读音、背背字母、记记词义，最多再把单词写一写，因此很多人都说英语单词难记，费很大劲记住了，过不久又忘了。原因就在于这种记忆只处于短时记忆阶段，虽然涉于部分长时记忆成分，也只是简单的重复，机械的记忆，缺少在实际中运用，在大脑中就不能持久保持。

如何使所学词汇达到长期在大脑中保持记忆，首先要了解大脑记忆的生理基础。信息在大脑内传递的物质是化学介质。人的大脑有150亿个神经元，每个神经元约有数千到数万个突触，总数就是数百万亿个突触，信息经过筛选后被放到相应区域的具体单元中。记忆单元越肥大，记忆得就越牢固，就越便于回忆和再现。要想使所学词汇在大脑中保持长时记忆，其条件就是重复词汇、反复刺激。但是简单的重复如反复看或反复读，开始会使这一领域的神经元扩大，记忆单元变肥大。当用同一种方式重复的次数多，就会使这一神经系统麻木，产生枯燥，神经元不再扩大，记忆单元不再变肥大，记忆效率下降，使词汇记忆不能在大脑中长时间保持。因此，如何保持记忆是记忆词汇的关键。外语教学应该如何加强保持记忆这个环节来提高记忆词汇的效率，是一个重要课题。

素质英语教学法在词汇教学方面充分运用直观教学，运用教师的手势、动作和表情，使学生充分发挥形象记忆的作用。在学习词汇的拼写时与拼读相联系，充分发挥逻辑记忆的作用，给大脑留下更深刻的印象，使瞬时记忆有更大的成分转入短时记忆。接着通过例句解释词的用法，通过一定的语言情景，进行听、说、读、写循环操练，让耳、眼、口、手各种器官轮流接触词汇，反复刺激大脑记忆神经元区，使大脑神经元一直处于兴奋状态，使大脑记忆单元变得越来越大，词汇记忆得就越来越牢固。这个过程是由听、视、说反复感知的机械记忆，按音节拼读、按音节拼写的逻辑记忆，在情景下循环运用的意义记忆、情感记忆和运动记忆共同组成的。这样一来，对词汇的意义和用法理解得更深刻，记忆更牢固，使短时记忆更多地转变为长时记忆，使词汇在大脑记忆中得到保持。而且在意义、情感和运动的作用下词汇与其他语言知识相结合，向语言技能转化。

素质英语教学法不赞成孤立地死记硬背英语词汇，它强调记忆词汇要重视相互之间的联系，同一个词的拼读与拼写之间的联系，不同词相互之间的联系。它重视在有意义的情形下记忆，要带着情感记忆，要在实际运用中记忆。心理学实验证明，有意义的记忆、有联系的记忆要比无意义的、孤立的记忆效率高十倍，而且这种记忆过程能够开发智力、培养素质。

记忆与真诚、情感和激情也有关系。一位西方学者去过许多国家，当他在中国住了一个时期以后，深有感触地说，中国人是世界上最擅长学习语言的民族之一，因为他们真诚，富于情感，有激情。真诚、情感和激情要在有意义的语言情景中，在语言的实际运用中才能体现出来，才能发挥其潜在的能动作用。循环式素质英语教学法学习词汇的方法强调联系对比，强调在有意义的语言情景中运用，这有利于在语言学习中发挥中国人真诚、富于情感、有激情的民族特长，有利于提高词汇的记忆效率，有利于语言技能的形成，有利于语言能力的培养。

另外，循环式素质英语教学法要求课堂上学完词汇后紧接着进行听、说、读、写循环的语言实践，而不是像传统的教学方法那样，课堂上学完词汇让学生课后复习，或者回家后再背、再记。课堂上及时操练、及时复习，可以减少遗忘。艾滨浩斯所做的关于遗忘规律的实验，记下的遗忘曲线成为有名的遗忘曲线规律。它向人们表明，学习后的词汇在短时间内遗忘得很快、遗忘得最多，20分钟后遗忘进行得较缓慢；学习后20分钟内及时复习可以节省复习时间58.2%，1个小时之后复习只能节省时间44.2%，8个小时之后复习节省时间38.8%，1天以后复习节省时间33.7%，2日后复习节省时间27.8%。素质英语教学法紧紧抓住学完词汇后遗忘率最高的20分钟，在遗忘还没有开始的情况下就进行循环复习，使所学词汇进入长时记忆，并向语言技能转化，接着在循环实践之后进行活用语言的教学过程。这个过程是再现所学词汇的过程，是检验所学词汇能否灵活运用的过程，是培养学生活用语言能力的过程，是在运用中巩固词汇记忆的过程，是把语言知识转化为语言技能的过程。循环式英语教学法的课堂教学既是记忆词汇的最佳方法，又是培养语言能力的最好实践形式。

词汇学习是我们学习英语的一个难题。但是，学习方法科学，学习过程就会由难变易，而且可以培养素质、开发智力、发展非智力因素。有的人为了锻炼记忆力，每天都坚持记忆英语单词。但是切记，千万不要机械记忆，机械地死记硬背是锻炼不了记忆力的。

第二节　英语语法教学及其教学法创新

一、英语语法教学知识介绍

在语言中，语法是其构架，是语言中词、短语等进行排列组合的方式，其对于语法学习有着十分重要的作用。要想对一门语言予以掌握，就必须弄清楚其排列的规律，因此英语教学中也离不开语法教学。但是需要注意的是，随着社会的不断发展以及文化的巨大影响，英语语法教学也应该将文化融入其中，让学生能够使用语法知识来展开恰当的跨文化交际。

（一）什么是语法

对于语法的内涵，不同的学者有不同的界定。

弗里曼（Larsen-Freeman, D., 2005）认为，"语法包含语形、语义、语用三个层面，三者关系紧密，如果任一层面发生改变，其他层面也会随之发生改变。"①

许国璋教授（1995）指出，"语法制约着句子中的词汇、词汇关系。一种语言中的语法是对该语言中规则、规约制度的反映。基于这些规则、规约制度的指导，词汇才能组成合适的句子。"

从上述定义中可知，人们对语法的界定更接近语言的本质。语法本身涉及静态与动态两种形式。就广义来说，人们的听、说、读、写、译五项技能需要语法手段的参与与描写。

（二）英语语法教学中存在的问题

1. 教师教学中的问题

（1）语法教学弃而不教或边缘化

英语教学一直都在不断变革，教学内容随之不断改变，而随着2004年《英语课程教学要求》的颁布，英语语法教学内容退出了英语教材，英语语法教学也从英语教学中退出，最终导致英语语法弃而不教或边缘化。这具体体现在两个方面，首先教材中没有了语法内容，教师便失去了教授语法的依据和大纲，学生也将无法系统地获取语法知识；其次课时安排不合理，英语教学中多是精读课与泛读课，没有相应的语法课，即使教师讲解语法知识，也是零星的和碎片化的。实际上，语法对于英语语言的学习是至关重要的，语法贯穿于英语学习的始终，对英语综合能力的提升起着重要作用，所以教师应积极开展语法教学，丰富学生的语法知识，提高学生的语法能力，为学生的英语综合应用能力打好基础。

（2）教学方式单一

英语语法知识繁多，学习起来十分枯燥，因此很多学生都对语法学习缺乏兴趣。想要改善这种现状，就需要教师创新教学方法，增添语法教学的乐

---

① Larsen-Freeman, D. Teaching Language: From Grammar to Grammaring[M]. Beijing: Foreign Language Teaching and Research Press, 2005: 49-58.

第三章　自主学习策略导向下的英语词汇与语法教学法创新

趣，激发学生学习的积极性。但是，当前的英语语法教学并不乐观，陈旧的教学方式依然占据课堂的主体，学生处于这样被动的学习状态，不仅与教育理念不符，也不利于学生的学习，很难发挥学生的主观能动性。

2.学生学习中的问题

（1）语法意识薄弱

学生在中学阶段已经进行了很长时间的语法学习，普遍感到枯燥乏味，因此他们认为到了大学阶段就没有必要重点学习语法了。实际上，尽管到大学阶段，语法依然是英语学习的重要内容，因为不掌握丰富和准确的语法，是不可能准确、流利地进行交际的。

（2）缺乏有效的学习方法

大多数学生的语法学习的效率非常低，其中一部分学生是因为学习方法不正确，从而使得语法知识的掌握较为松散，不能成为一个系统。在语法学习中，学生往往比较被动，通常是遇到新的问题之后才会回去学习语法知识，而当他们学习完一篇文章之后，又把语法学习抛之脑后，这样的学习是很难提升语法能力的。

（三）英语语法教学中的障碍

语言与文化密切相关，文化差异在语言中有着集中的体现，一方面体现在词汇上，另一方面则体现在语法上。因此，文化差异对英语语法教学有着显著的影响，而了解这种影响，对明确英语语法教学的目标，改善英语语法教学的现状具有重要意义。

1.思维模式层面的影响

不同的民族，其思维模式也不相同，这种差异也会在语言中有所体现。英汉民族的思维方式在语法上体现为英汉语法差异，具体表现是英语是形合语言，汉语是意合语言。

形合又称"显性"，是指借助语言形式，主要包括词汇手段和形态手段，实现词语或句子的连接。意合又称"隐性"，是指不借助语言形式，而借助词语或句子所含意义的逻辑联系来实现语篇内部的连接。形合注重语言形式上的对应，意合注重行为意义上的连贯。形合和意合是使用于各种语言的连接手段，但因语言的性质不同，所选用的方式也就不同。英语属于形合语言，其有着丰富的形态变化，语法规则众多，力求用内涵比较丰富的语法范畴来概括一定的语法意义，对句法形式要求严格。

英语句子多使用外显的组合手段，因此句子中的语法关系清晰有序。但汉语句子多用隐形的手段，语法关系并不那么清晰，而是十分模糊，如"知己知彼，百战不殆；不知己而知彼，一胜一负；不知己不知彼，每战必殆。"这句古汉语就充分体现了汉语意合的特点。汉语属于语义型语言，受传统哲学和美学思想的影响，形成了注重隐含关系、内在关系、模糊关系的语言结构特点。所以，汉语主要靠词序和语义关系来表现句法关系，并不刻意强求语法形式的完整，只求达意即可。

具体而言，受思维模式的影响，英汉语法之间的差异体现在以下几个方面。

第一，汉语句子注重达意，英语句子注重形式上的联系。例如，"已经晚了，我们回去吧。"这句话用英语表达是"Let's go home, as it is late."为符合英语的表达习惯，添加了相应的连接词。

第二，英语主要借助词形的变化来组句，汉语则主要借助词序和词在句子中的作用及句子的意思来组句。

第三，英语倒装句多，汉语相对较少。为了表示强调，英语句子常将主动词放在主语前面，或者是没有助动词的情况下，在主语前面加"do"，"does"或"did"，形成倒装句。汉语表示强调就相对简单，有时将宾语提前，一般是不改变词序而增加某些具有强调意义的词。

总体来讲，受思维模式的差异反映了汉文化的综合整体与英文化的分析细节的思维方式的不同。在具体的英语语法教学中，教师引导学生充分了解文化差异对语法的影响，同时向学生输入相关的文化因素，使学生切实了解英汉语法的异同，进而提高学生的语法能力。

2.语序因素层面的影响

语序指的就是词在短语或者句子中线性的排列顺序。语法语序就是表现

第三章　自主学习策略导向下的英语词汇与语法教学法创新

语法关系的语序。例如，汉英都有并列式的合成词，尽管并列式都是由同等成分构成的，但是仍然存在较大差别。英语叙述说明事物时，习惯于从小到大，从特殊到一般，从个体到整体，先低级再高级；汉语的顺序则是从大到小，从一般到特殊，从整体到个体。此外，英汉语言中出现多个定语和多个状语时，定语和状语的排列顺序也是有差别的，这些实际上都源于文化的差异。因此，在英语语法教学中，教师应注重培养学生的文化素养，进而促进学生语法能力的提升。

（四）英语语法教学的常见方法

1.文化对比法

文化对于语法教学影响深远，因此教师可以采用文化对比的方法展开教学，使学生不断熟悉英汉语法的差异，培养他们的跨文化交际意识与能力。

众所周知，我国学生是在母语环境下来学习英语的，因此不知不觉地会形成母语思维方式，这对于英语学习而言是非常不利的。基于这样的情境，英语教师就需要从学生的学习规律出发展开对比教学，使学生不断认识到英汉语法的差异，在发挥汉语学习正迁移的前提下，使学生掌握英语语法知识。

2.创设文化语境法

在英语语法教学中，教师可采用情境教学法开展教学，情境教学法有着包含语法规则和知识的真实环境，可以充分调动学生不同的感觉器官，激发学生学习的兴趣，可以让学生在接近真实的情境中参与到学习中，帮助学生系统地掌握语法知识。语法教学通过情境化实现了认知与情感的联合，颠覆了过去只讲述语法规则的陈旧方法，让学生有了使用语言的空间。而且通过情境化教学，课堂氛围更加活跃，师生关系更加和谐，学生的语法能力和交际能力会得到显著提升。具体而言，情境教学的教学途径包含以下几个。

（1）融入音乐，创设情境

青少年通常对音乐有着强烈的兴趣，因此在语法教学中，教师可将音乐与语法教学相融合，营造轻松愉悦的气氛，在聆听中学，在欢唱中学。例如，在讲授现在进行时这一语法时，教师可以让学生先欣赏歌曲，并让学生阅读该曲的歌词，然后找出歌词中含有现在进行时的句子。这样既能激发学生的学习兴趣，分散学习的难点，又能使学生在不知不觉中学到知识。

（2）角色扮演，感受情境

在英语语法课堂教学中，教师还可以组织学生进行角色扮演，让学生身临其境地学习语法知识。学生可以通过自己扮演的角色，体验相应情境下人物的言行举止、思想情感，深化所学知识，提高学生的人文素养。

（3）运用媒体，展示情境

在语法课堂教学中，有些教学情境因条件的限制无法创设，但随着多媒体技术的发展及其在教学中的运用，这一缺陷得到了弥补。多媒体教学素材丰富多样，包含图像、图形、文本、动画以及声音等形式，这些形式将对话的时空变得生动和形象，课堂氛围不再沉闷死板，学生的感官得到了调动，加深了学生的印象，提高了学生参与课堂教学的积极性，教学和学习效率也得到了显著的提升。

（4）设计游戏，领悟情境

设置符合学生心理和生理特征的语法教学游戏，可以激发学生的学习积极性，让学生积极参与其中。而且生动活泼的游戏可以调动学生的多种感官，使学生原本觉得困难的语法结构也变得简单许多，从而使学生在潜移默化中掌握语法知识。

二、英语语法教学创新的原则

（一）实践性原则

传统的英语语法教学只重视知识传授，不重视技能培养，忽视语法的交际功能。《英语教学指南》注重学生能力的培养。教师要明确英语语法教学只是培养语言实践能力的桥梁，其目的是更好地培养学生听、说、读、写的语言实践能力，进而实现用英语进行交际。因此，语法教学必须突出其实践性原则。

（二）交际性原则

在英语语法教学中，教师应遵循交际性原则，恰当地运用多媒体设计课堂教学，创设合理的语言交际环境，使语言交际环境符合实际环境，从而帮助学生更好地掌握语法知识，提升交际能力。提高学生成绩并不是语法教学的最终目的，语法知识的使用才是语法教学的本质，所以语法教学应结合实际生活，培养学生的语法思维，提升学生的听说读写能力，提高学生的语言交际能力。

（三）文化关联原则

语法作为语言的内部规律，与文化有着密切的联系，即蕴含和反映着丰富的文化信息。对此，在英语语法教学中，教师应重视文化因素对学生语法学习的影响，并有意识地进行文化教学，创设英语语言环境，从而丰富学生的文化知识，切实提高学生的语法能力和语言交际能力。

三、英语语法教学方法的创新

翻转课堂是随着信息技术的发展而产生的一种新型教学模式，将该教学模式运用到大学英语语法教学中，可有效调动学生学习语法的兴趣，促进学生的自主学习能力，提高学生独立思考的能力，进而培养学生的语法能力。翻转课堂这种教学模式以学生为中心，教师只是起到辅助作用，学生是教学环节的重点，师生之间处于互动的状态。翻转课堂语法教学模式流程如图3-1所示。

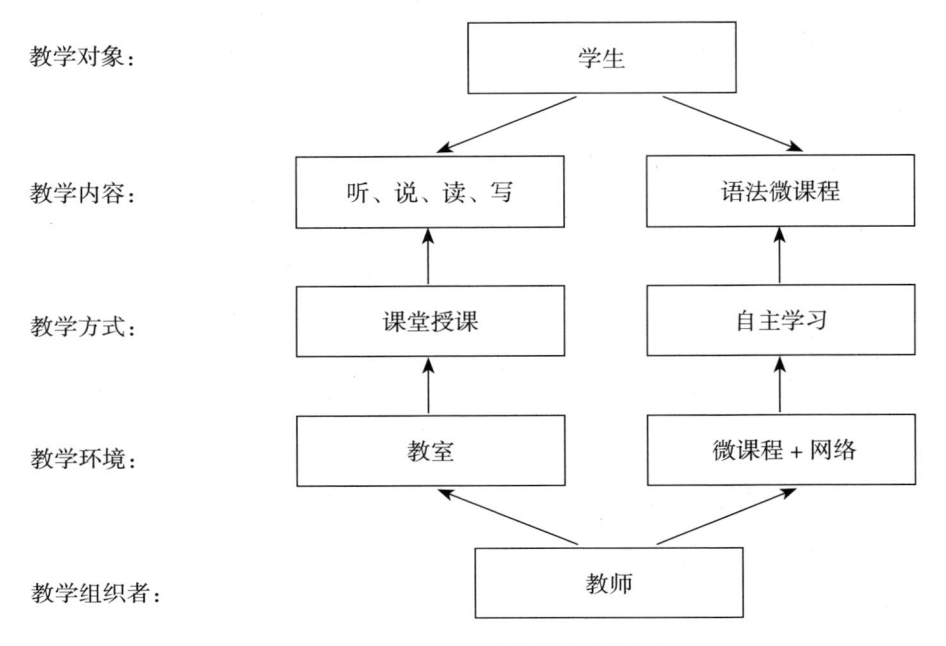

```
教学对象：           学生

教学内容：    听、说、读、写    语法微课程

教学方式：      课堂授课        自主学习

教学环境：        教室        微课程+网络

教学组织者：          教师
```

图3-1　翻转课堂语法教学模式的流程

（资料来源：曾春花，2015）

（一）提升微课制作水平，借鉴网络教育资源

相较于传统的语法教学模式，翻转课堂最大的特点在于以视频微课代替了"黑板+粉笔"的教学方式。但对已经习惯了传统教学模式的英语教师来说，很难在短时间内适应视频微课这种形式，因此教师首先要熟练掌握微课的制作技术，灵活运用各种制作软件；其次要重视视频微课内容的整合与加工，在内容选择上要选择微课课本语法知识，并借鉴网络上优质的教育资源制作短小精致、内容丰富的数字化课程资源。

（二）拓宽师生互动渠道，确保语法教学效果

制作视频微课是翻转课堂语法教学的前提，后期的检查、实施和监督是更加重要的部分，因此师生之间应保持多维互动。首先，教师要指导学生观

第三章　自主学习策略导向下的英语词汇与语法教学法创新

看视频微课，并对学生的学习内容和时间进行计划，把握学生学习的进度；其次，教师要利用社交软件建立QQ群和微信群等，加强与学生线上线下的互动，对学生在自主学习中遇到的问题进行解答，促进师生和生生之间的讨论，实现英语语法知识的消化和吸收。

（三）关注语法难点，提升教师答疑解惑的能力

基于翻转课堂，教师将制作好的视频微课上传到网络平台，学生自行下载，并在固定时间内完成自主学习，而对于遇到的语法知识难点，除了课堂学习小组讨论外，更多由教师在课堂上统一解答或个别辅导。对此，英语教师应不断充实自身的语法知识储备，提升自己的语法能力，从而更好地解答学生的疑难问题。

（四）开展差异化教学辅导，促进学生自主学习

在翻转课堂教学模式下，教师要更新教学理念，改变传统的教学模式，主动融入和参与学生学习的各个环节，成为学生学习的指导者和监督者。由于不同学生之间存在着巨大的差异，有着不同的基础水平和认知结构，因此教师需要采用不同的辅导方式来对不同层次的学生加以辅导，特别是对那些自律性不强的学生，更要采取有效方式来加以辅导，促进他们进行自主学习。

（五）重视教学评价，建立激励机制

翻转课堂语法教学重在学生的自主学习，为了掌握学生自主学习的频率以及参与程度，确保翻转课堂教学的效果，对学生进行考核评价就显得十分必要，而且这种考核要贯穿于课堂教学的全过程，并且评价形式要多样化，包括学生自我评价、小组评价、教师评价等多种考核评价形式。这种全方位的考核评价机制有利于教师掌握学生对语法教学的参与度和配合度，便于教师了解学生对语法知识的掌握程度，而且对学生有着激励作用。

总体而言，在互联网背景下，英语词汇和语法教学应紧跟社会和教学改革发展的趋势，结合文化开展教学，即在教授词汇和语法知识的同时，融入英语文化知识，进而培养学生的文化素养，提高学生的综合能力以及运用词汇和语法知识进行跨文化交际的能力。与此同时，教师要持有客观的态度，不能一味地导入英语文化，还-应传授汉语文化知识，从而树立学生的文化自信，使学生运用所学知识传播中国文化。

第四章 自主学习策略导向下的英语听说教学法创新

对于英语这门课程而言，重点是教授学生运用这门语言的能力，这种能力主要体现在听、说、读、写、译这几个方面。当前英语课程的授课比以往有了较大的改变，教师利用新的教学模式，并结合互联网上的英语授课资源，可以为学生带来丰富的授课内容。同时，学生自身也可以利用互联网上的英语资源展开自主学习。本章主要研究自主学习策略导向下的英语听说教学法创新。

第一节 英语听力教学及其教学法创新

众所周知，听对于一门语言的学习而言是至关重要的。学生只有先听，将知识输入到自己的大脑并进行内化，才能进一步输出，利用这门语言展开交际。由此可知，英语听力学习对于每位英语学习者而言都是不容忽视的。

一、英语听力教学知识介绍

（一）英语听力

在学者罗宾（Rubin，1995）看来，"听是一个包含主观能动性的过程，它涉及听者信号的主动选择，然后对信息进行编码加工，从而确定正在发生的事情以及发话人想要表达的意图。"[①]

理查兹和施密特（Richards & Schmidt，2002）对"听力理解"进行了专门的探讨，他们认为，"听力理解涉及的对象是第一语言和第二语言，所要做的事情就是弄懂这两种语言。但是，对这两种语言的理解是有本质区别的。其中，对第二语言的听力理解比较关注语言的结构层面、语境、话题本身以及听者本身的预期。"[②]

"听"不是单一的，是连续不断的一种处理过程，包含以下部分。

（1）如何将语音进行划分。

（2）如何对语调形成一种认识。

（3）如何对句法进行详细的解读。

（4）如何把握语境。

大多数时候，上述过程是在人们的无意识中悄悄进行的。

此外，两位学者还就"听"和"读"的联系与区别进行了阐释，并认为与"读"相比"听"的作用更加显著，具体包含以下几点。

（1）让人感受到一种韵律的美。

（2）让人产生一种对追逐速度的急切心理。

（3）对信息的加工和反馈都在最短的时间内完成。

[①] Rubin, J. An Overview to "A Guide for the Teaching of Second Language Listening" [A]. A Guide for the Teaching of Second Language Listening[C]. D. Mendelsohn & J. Rubin. San Diego, CA: Dominie Press, 1995: 7.

[②] Richards, J. C. & R. Schmidt. Longman Dictionary of Language Teaching and Applied Linguistics[M]. London, UK: Longman, 2002: 313.

第四章 自主学习策略导向下的英语听说教学法创新

（4）耗时较短，通常不会重复进行。

"听"与"读"都是一种对信息的输入，但是在英语听力教学中教师绝对不能将"听"看作阅读的声音版，而应该认真研究"听"的本质属性，并据此去组织教学，从而帮助学生获得一定的听力技能。

（二）英语听力教学中的听力训练

1. 听力训练的形式和方法

（1）听—画：学生边听英语，边画出相应的图画。

（2）听—视：学生边看黑板上的图画，边听老师讲。有条件的地方可利用投影仪、幻灯片或录像机进行视听训练。

（3）听—答：老师对听的内容进行提问，要求学生口头回答。

（4）听—做：教师根据所听的内容发出指令，要求学生做出相应的行动或表情，如"Show me how David felt when he met Jane at the airport."老师使用课堂用语时向学生发出的指令也应属于此类，如"Come to the front."

（5）听—猜：学生在听前根据老师的"导听问题"（guiding questions）提示，并结合已学的知识对所听的内容进行预测。

（6）句子段落理解：教师放录音或口述句子、段落。学生一边听，一边看教师示范表演各句意思以指出或举起相应的图画或做相应的动作来表示；教师用手势画出单词重音、语调符号和节奏，让学生模仿。

（7）短文理解：学生先听录音，然后根据短文的内容，进行形式多样的练习帮助听力理解，如听录音回答问题，听录音做听力理解选择题，听录音判断正误，听录音做书面完形填充练习，复述短文大意，听录音做书面听力理解练习题等。

（8）课文听力训练：教新课文之前，先让学生合上书本，听两遍课文录音，或听教师朗读课文；讲课文时，教师一边口述课文，一边提出生词，利用图片、简笔画、幻灯或做动作向学生示意，帮助学生达到初步理解的目的；学生根据课文内容进行问答，如就课文中生词或词组提问、就课文逐句提问、就课文几句话或一段话提问等。

2.听力训练的原则和要求

（1）熟练掌握英语课堂用语，尽可能用英语组织教学。

（2）充分利用音像手段和软件资料进行大量的听力训练。

（3）遵循循序渐进的原则，听力训练时听音材料难度应该由浅入深，生词量小，语速由慢到快，长度由短到长。

（4）尽量将听与说、读、写等活动结合起来进行训练。

（5）结合语音语调的训练，特别是朗读技巧（单词重音、句子重音、连读、辅音连缀、停顿和语调）来训练听力。

（6）听前让学生明确目的和任务。

（7）把培养听力技巧（辨音、抓关键词、听大意、听音做笔记等）作为教学的主要目标。

（8）布置适量课外听力训练。

（三）英语听力教学中的障碍

现在学生在中学甚至小学时期已经学习了多年英语，对语音、词汇、语法和句型等都有了一定程度的掌握，因此很多学生甚至教师都认为，掌握了这些内容就可以提高听力水平。英汉民族文化存在较大的差异，这给语言交流造成了很大的困难，对听力的有效进行以及英语听力教学的开展都造成了一定的影响。因此，要想切实提高英语听力能力，并能够运用这一技能进行跨文化交际，就要加深对西方文化的了解和认识，从深层次上提高英语听力能力。

1.词语文化内涵差异层面

在听力学习过程中，很多学生都反映有的听力材料看上去并不复杂，也没有生词，语言结构也不复杂，但在听的过程中总觉得晦涩难懂，无法理解其内涵。这种情况主要是由于对词语的深层文化内涵不理解造成的。例如：

Wendy：What do you think of Vicky?

Chad：She is a cat.

第四章　自主学习策略导向下的英语听说教学法创新

Question：Does Chad like Vicky?

对于学生而言，上述对话没有任何陌生单词，理解起来并不难，但是在回答的过程中往往会出现偏差。这主要源于中西方文化的差异。在中国，猫是可爱温顺、讨人喜爱的动物，但在西方国家，猫有着另外一层文化含义，指心存险恶的女人。上述对话中的"She is a cat."实际上是说Vicky是一个狠毒、心怀叵测的女人。由此可见，很多理解障碍并不是由语言本身引起的，而是由对西方文化的不了解引起的。因此，在英语听力教学中，教师应注意教授学生一些相关的文化知识，培养学生的文化素养，从而切实提升学生的听力能力。

2.社交差异层面

学生学习英语听力是用来社交的，如果不了解中西方社交差异，将会对其交际过程产生不利的影响。中西方社交差异在多个方面都有体现，其中在俚语的表达方面也不例外。英语的俚语相当于我们的歇后语，蕴含着发人深思的内涵。例如，fill someone in的真正含义是"告诉某人，让他了解一些状况"。由于我国学生对英国的社交文化不了解，很容易按字面意思将这一短语理解为"把某人填进去"。

除了上述两个方面，英汉的思维模式差异、历史背景差异、地理环境差异等都会对听力有着重要的影响，在具体的教学中，教师应尽量全面地丰富学生的文化知识，提高学生的文化素养，为学生听力能力的提升排除文化障碍。

（四）英语听力教学中的常见方法

1.技能教学法

听力的有效进行是需要一定的技巧的，因此在英语听力教学中，教师应向学生介绍几种常用的听力技巧。

（1）听前预测

在进行听力之前，进行一定的预测是很有必要的。在教学中，教师可以指导学生在正式听听力材料之前,先浏览一下听力问题,据此预测听力测试的范围,如地点、时间、人名等,这样可使听力更具针对性。

(2)抓听要点

在听的过程中,要学会抓听要点。也就是抓听交际双方言语活动中的主要内容、主要问题、主题句和关键字等,对于一些无关紧要的内容则可以不用重点去听。

(3)猜测词义

听力过程中很难听明白每一个词,而且有时难免会遇到陌生的单词,此时如果停下来思考这个词的意思,就会影响整个听力材料的理解。这时可以继续听,通过上下文来猜测词义,这样既不会中断思路,也能流畅地理解听力材料内容。

(4)边听边记

听力具有速度快和不可逆转性的特点,听者在有限的时间内不可能听懂和记住所有的内容,此时就需要借助笔记来辅助听力活动,也就是边听边记录。听力笔记不需要十分工整,主要听者自己能看明白就行。

2.文化导入法

(1)通过词汇导入

在英语听力教学中通过词汇向学生导入文化知识,不仅可以提高学生的文化意识和素养,还能丰富学生的词汇量,为听力能力的提高奠定基础。例如,"狗"这一动物在中国文化中多具有贬义色彩,从"狗腿子""狗拿耗子"等表达中就能看出,而在西方文化中,dog深受人们的喜爱,被人们当作好朋友。在听力教学中,有意识地扩大学生的词汇量,丰富学生的词汇文化知识,将对学生听力能力的提升大有裨益。

(2)通过网络多媒体导入

现代信息技术的发展促使网络开始普及,而且在各个领域发挥巨大作用。在信息化时代,教师可以充分利用多网络技术向学生输入文化知识。

3.电影辅助法

英语电影能够营造真实、生动的听力环境,而且能够帮助学生更好地了

第四章　自主学习策略导向下的英语听说教学法创新

解西方文化，从中体会中西方文化差异，进而提高跨文化交际能力。因此，将英语电影运用于英语听力教学，可有效激发学生的学习兴趣，提高教学的效率和学生的听力水平。具体而言，可采用以下步骤开展教学。

（1）观赏影片前

在观赏影片之前，教师和学生需要做一些准备工作。这些准备工作是指，在选定影片之后，教师要为学生布置好与电影主题相关的作业，鼓励学生在课下通过网络搜集一些与电影背景相关的信息，通过此方式加深学生对影片的了解。在临近观看前，教师要对影片的相关内容进行介绍，并提出相关的拓展学生思维的问题，如影片中有哪些俚语以及主角爱好等，这样能够引导学生带着问题和好奇心去观看影片。在准备工作完成之后，学生在了解影片的基础上，边观看影片边解决问题，以期达到更好的学习效果。

（2）观赏影片中

在观看影片的过程中，教师可选择通过放映影片中某个经典的片段来指导学生进行精听。精听要求学生听清每一个词、短语和句子，清楚每一个情节。通过精听，教师可以更好地引导学生学习影片中的语言。在精听的同时，教师还可以采取泛听的方法，让学生了解影片的故事梗概。此外，在播放影片的过程中，教师可以根据学生的英语水平和影片中的相关内容适时暂停影片，提醒学生影片中的一些关键对话，辅助讲解一些俗语、委婉语、禁忌语等，同时分析其中所涉及的中西方文化差异，帮助学生掌握语言精华，培养跨文化意识。

（3）观赏影片后

在影片结束之后，教师可以有针对性地进行扩展活动，即选择影片中的经典情节，组织学生进行角色扮演，从而巩固学生的听力水平，锻炼学生的表达能力，提高学生发音的准确性，培养学生的语感，同时树立学生的信心，促使学生合作学习。另外，教师可以鼓励学生谈论影片的主题及意义，引导学生撰写影评，这样可以巩固学生通过影片所学的词汇、语法等知识的运用，进而提高学生的听力水平。

总体来说，英语电影语言丰富，情节生动，深受学生的喜爱，将其运用于英语听力教学，能够为学生营造一个真实的语言环境，锻炼学生的听力能力。但是需要注意的是，采用电影辅助法开展英语听力教学，在选材上要多加留意，要选择那些语音纯正、用词规范、内容健康的经典影片，这样才能让学生学到地道的英语表达，提高学生的听力水平。

4.游戏教学法

学生"说不出，听不懂"的问题依然是英语听力教学中的重要问题，而基于信息技术的发展，游戏教学法成了听力教学的突破口。游戏教学法寓教于乐，能有效激发学生参与听力教学的积极性，促使学生实现知识能力的自我构建。

（1）设计学习目标

具体而言，学习目标的设计涉及以下三个问题。

其一，交互式游戏教学环境的构建问题；

其二，学生参与交互式游戏教学的积极性和主动性问题；

其三，交互式游戏教学的效果问题。

（2）分析教学对象

在开展游戏教学时，还要对教学对象，即学生进行分析，了解学生的学习需求、学生感兴趣的内容等，进而实施因材施教，确保教学效果。

（3）游戏教学的设计和应用

网络游戏深受学生的喜爱，对此教师可以依据游戏来开展英语听力教学。具体而言，教师可根据游戏中玩家协作和竞争的模式，设计角色扮演的游戏教学程序。

二、英语听力教学创新的原则

（一）激发兴趣原则

听力能力的提高需要一个过程，不能一蹴而就，而且需要不断的练习和努力，很多学生由于自己听力能力不佳，加上进步缓慢，因此对听力学习缺乏兴趣。可见，兴趣对于英语听力学习至关重要，对此教师在开展英语听力

第四章 自主学习策略导向下的英语听说教学法创新

教学时要有意识地激发学生的兴趣，也就是遵循激发兴趣原则。具体而言，教师在进行听力教学之前，首先要充分了解学生的兴趣所在，即了解学生对哪些听力活动和听力内容感兴趣，然后以此为依据来调整教学内容和教学方法激发学生的听力兴趣，调动学生的积极性，进而提高学生的听力水平。

（二）情境性原则

听力是交际的重要方式，学生只有在自然、真实的环境中，才能与环境产生相应的互动，获得真实的语言体验。很多教师往往都有这样的感受，即教师竭尽全力鼓励学生参与课堂活动，但学生依然对听力学习缺乏积极性，课堂教学沉闷。实际上，良好的课堂氛围需要师生共同营造，教师应该与学生积极沟通，充分发挥自己的引导作用和学生的主体作用，应在活跃、自然、民主的课堂环境中创建英语语言情境，进而培养学生的听力能力。

（三）综合原则

英语包含四项基本技能，即听、说、读、写，这几项技能之间并不是相互独立的，而是密切联系、相互促进。所以，教师要想切实提高听力水平，就要重视听力与其他技能之间的关系，将输入技能训练和输出技能训练相结合，培养学生的综合英语能力。

（四）注重情感原则

在教学中，教师除了要注重学生学习本身外，还要重视学生的情感体验。具体而言，教师要为学生创造一个轻松、愉快的课堂环境。例如，教师在听的过程中可以穿插一些幽默小故事、笑话、英文小诗、英文卡通或英文歌曲等，也可以根据实际情况改变听的形式或更换听的内容等，努力消除学生因焦虑、害怕等产生的心理障碍，创造和谐的学习氛围，使学生获得良好的学习体验，进而提升学生的听力水平。

三、英语听力教学方法的创新

（一）充分利用TED资源

TED（technology，entertainment，design）是美国的一家机构，宗旨在于用思想对世界加以改变。TED演讲的领域从最开始的娱乐领域、技术领域等逐渐向各行各业拓展。每年的3月份，TED大会在美国召开，其中参加的人群涉及商业、科学、文学、教育等多个领域，将他们对这些领域的意见和建议进行分享和探讨。TED官网的思想性为混合教学提供了具体的借鉴。

第一，为英语听力技能混合式教学提供了大量真实的语料，这与传统的音频存在较大差异。传统教学中学生上课接触的语料大多为本族语为母语的优秀英语人才录制而成的，虽然保证了语音的纯正性，但是改变了交际的真实性。

第二，如前所述，演讲的主题涉及各个领域，这与语言学习是一部百科全书的观点有着相似性，有助于英语听力混合式教学的开展。

第三，演讲者都是各个领域的一些杰出人物，传达的思想具有前沿性，这有助于提升英语学生的思辨能力。

第四，TED官网上发布的视频多控制在15分钟之内，是较短的视频，最长的也不超过20分钟，这与当前的慕课、微课教学模式相符，也符合英语听力技能的混合式教学。

第五，演讲者是从各地来的，各种真实的情境可以让学生感受到手势、眼神、语速、重音等的运用。

第六，TED官网的视频虽然没有字幕提示，但是在下面会设置独立的互动文稿，并将演讲者的话语显示出来。这便于学生对听的方式进行选择，可以是纯视频的形式，也可以是视频＋字幕的形式，或者是先观看视频，之后看字幕。

第七，TED官网的可及性可以让学生选择听的时间、听的内容等，便于学生制订符合自己学习的计划，对内容加以选择、对进度加以控制，实行自控式学习。

第四章　自主学习策略导向下的英语听说教学法创新

TED视频最大的特点在于提供给学生真实的情境，通过这种真实的听，保证了语言形式、思维以及科技的融合。

（二）加入多样化教学工具

（1）英语歌曲欣赏

在学习的闲暇时间，学生可以欣赏一些英语歌曲，这样可以使自己身心放松，营造自身英语学习的氛围，另外，英语歌曲还可以帮助学生学习其中的一些表达方式，尤其是一些发音的技巧等，可以有效激发他们学习的积极性。

平时，教师可以引导学生多听一些具有当地文化特色的英语歌曲，也可以选择一些有意义的歌曲，然后教师让学生了解歌词的内容，再通过听写、填空等方式为学生出题，让学生真正地能够听懂。

（2）英语竞赛视频

在平台上，还会有一些竞赛演讲的视频，学生可以通过这些视频感受其中的语音语调，感受优秀演讲者们是如何进行演讲和应变的，这样学生不仅可以提高自身的听力能力，还会掌握一些演讲的技巧。多听一些竞赛的视频，从不同的角度来看待问题，可以不断提升学生的听力理解能力。

（3）访谈视频

一些名人的视频对于学生的听力学习也是非常有利的，学生本身会被一些名人、明星吸引，观看他们的视频，会带着好奇心去听、去看，这样对于提升他们的听力水平是非常有利的。

当然，一般访谈的内容包含多个层面，或者是为了沟通情感，或者是为了讲授生活中的一些有意义的事情，或者是介绍自己的一些经历等，这些都容易引起学生的共鸣，同时还能够从演讲者的表情、语速中，学到一些听力技巧以及如何处理一些紧急的事情等。

（三）建立多元化考核机制

在评价体系上，高校英语听力混合式教学要求以学生的专业能力、综合素养等作为教学目标，提倡学生展开自主学习与写作学习，这就要求在评价中必须打破传统的评价方式，即仅采用终结性评价，以教师考核为主。英语听力混合式教学要求采用多元评价考核机制，即教师考评、学生自评、同学互评等相结合，实行终结性评价与形成评价相融合，使学生从被评对象变成主人，而教师从单一的评价者变成评价的组织者。

（四）合理设计听力翻转课堂

在课程开始之前，教师需要布置好音频与视频材料，请学生自行听这些材料。在课堂开始后，教师主要负责引导，他们不再是对材料进行详细的讲解，然后给学生对答案，而是将更多的时间花在为学生讲解听力技能上，然后为学生介绍相关的背景知识。课堂形式的展开方式也可以有很多种，可以是表演形式，也可以是讨论形式等。

教师除了应用教材外，还可以自己录制或者应用他人录制好的音频或者视频，在录制时，设置相应的生词、短语以及句型，并添加一些背景知识，这些对于教师来说不仅可以节省时间，还可以提升学生的学习质量和效率。

教学总是围绕书本内容展开，学生接触的英语材料是非常有限的，如果他们的语言输入不足，那么必然会对他们的语言输出产生影响，这样长期下去，学生对英语学习就失去了兴趣和积极性。另外，随着网络的发展，网络上有着丰富的教学资源，这些资源对于学生的英语学习也是非常有利的。听力与英语其他科目不同，需要学生进行大量的练习，因此教师可以通过网络平台，为学生搜集相关的音频或者视频资料，让他们展开练习。

教师可以对这些网络资源进行整合，为他们的翻转课堂所用。例如，课堂教师可以从TED网站上选择一些音频或者视频，将任务给学生布置下去，让学生有充足的时间进行观看。还可以从学生的不同程度出发，将学习任务分开，如果学生的水平是初级的水平，那么要求他们听懂大意即可，如果学生的水平是较高水平，可以让学生自己去查找一些相关背景，让他们弄懂正片文章，这样在课堂上他们可以相互讨论，使学生成为学习的主体。

第二节 英语口语教学及其教学法创新

一、英语口语教学知识介绍

（一）口语的内涵分析

20世纪七八十年代，西方国家涌现出大量的移民，美国、新西兰、加拿大等国家都是如此，在这一现状的影响下，语言学领域的研究者以及作为一线工作者的教师对语言学习的传统模式有了很大的意见，他们的理念开始发生转变。这些人认为，学生只掌握语言的语音、词汇、语法等知识并不能真正的学会英语，更不意味着可以流利的开口讲英语，甚至不能利用自己所学的这门语言在社会上谋生。随后，学者以及教师开始将英语语言能力看作交际能力的一个组成部分。

有的学者认为，交际能力是语言学习者与他人利用语言这门工具所进行的信息互动，进而生成一种有意义的能力，这种能力区别于做语法、词汇知识选择题的能力。然而，学习者如果想要获取更加高级的交际能力，就必须对所使用语言的社会环境、文化环境有一定的了解。社会语言能力往往指的是使用语言的人在不同的场合与环境中运用语言的能力，这一能力涉及的层面如下所示。

（1）语域，即正式语言或非正式语言的使用。

（2）用词是否恰当。

（3）语体变换与礼貌策略等。

（二）口语学习的原则

1. 先听后说原则

在英语语言技能中，听和说是相辅相成的，听是说的基础，俗话说"耳熟能详"，只有认真听、反复听、坚持听，才能最终说一口流利的英语。因此，口语学习应当坚持先听后说原则，即教师首先应注意加强学生听的能力，其次才是说的能力。只有坚持先听后说原则，才能帮助学生掌握正确的发音，为训练口语能力打下良好基础。

2. 内外兼顾原则

口语能力的提升需要大量的练习，但口语课堂教学时间是有限的，学生的口语表达能力不可能在有限的课堂时间内得到锻炼和提升，还需要充分利用课外时间。对此，学生在开展口语学习时，应遵循内外兼顾原则，即将课堂教学与课外活动相结合，全面提高自身的口语能力。在课堂教学练习的基础上，学生开展相应的课外活动，可以将课堂上所学习的知识在课外活动中进行充分实践，从而达到复习、巩固知识的目的。

3. 科学纠错原则

学生口语能力的锻炼需要学生不断说，而学生在说的过程中难免会出现各种问题，有些教师不注意纠错的方式，一旦发现学生表达有误，就打断学生进行纠错，这样不仅会打断学生的思路，还会挫伤学生的自信心，更会使学生失去说的勇气。对此，教师应遵循科学纠错原则，即对学生表达过程中出现的问题加以区别对待，根据学生的性格和所处的场合分别处理。这样能避免影响学生的积极性，也能使学生认识到自己的错误并加以改正。

（三）英语口语教学中的障碍

文化差异对口语交际有着重要的影响，对英语口语教学的影响也是显而

第四章 自主学习策略导向下的英语听说教学法创新

易见的,因此教师在开展英语口语教学时要让学生了解文化差异所产生的影响,培养学生的文化差异意识。

1. 词汇内涵差异层面

词汇是人们撰写文章、口语表达思想的基础,要想准确地传递信息和情感,首先要掌握大量的词汇,并且要了解词汇的含义,包括基本含义和内在文化含义。如在汉语文化中,"马"(horse)被人们视为朋友,属于积极进取、奋发图强、吃苦耐劳、勇往直前的正能量代表,如"马到成功""龙马精神"等都表达了这一象征意义。但在英语文化中,"horse"常用来做普通的喻体而已,和马毫无关系,如"white horse"(泡沫翻腾的浪峰),"horse of another color"(完全不同的另一回事)等。

2. 语用规则差异层面

语言交际是有一定的规则,即语用规则。如果不了解英汉语用规则,就会对交际造成影响。例如,在寒暄方面,中国人见面习惯说"吃过了吗?"表示关心。这样的表达并不在于"吃饭"本身,而是一种招呼用语,有着类似于"你好"的问候语义,相当于英语中的"hello"。但是在西方国家,如果听到"Have you eaten yet?"时,会理解为对方想请他吃法,然后会做出回应:"Thank you, it is very kind of you."对此,在英语口语教学中,教师应向学生介绍英汉语中的语用规则和差异,以免学生在交际实践中出现误解而影响交际。

3. 地理环境和气候条件差异层面

地理位置不同,其气候条件也各不相同,这会对文化产生一定的影响,进而在语言中有所体现。例如,英国是个岛国,多面环海,处于温带海洋性气候带,气候四季温暖。受地理环境和气候条件的影响,英国降雨频繁,随时都有可能下雨,因此人们常随身带伞。基于这一背景,在日常生活中就不宜跟英国人开关于天气的玩笑,否则会引起交际失败或者冲突。

（四）英语口语教学的常见方法

1. 文化对比法

英汉文化差异对口语交际有着很大的影响，因此在英语口语教学中，教师应加入中国文化元素与西方文化元素的对比，呈现中西方文化之间的差异。以饮食文化为例，西方人宴请客人时多考虑客人的口味、爱好，菜肴通常经济实惠。中国人为了表示热情好客，在请客时通常准备多道菜肴，而且讲究菜色搭配。引导学生进行文化对比，不仅能提高学生的文化适应性，也能减少汉语思维的负面影响，进而提高学生的跨文化交际能力。

2. 课外教学法

英语课程的课堂时间十分有限，学生仅仅依靠课堂上的学习时间往往很难满足自身学习任务的要求，所以教师应该引导学生主动利用一切可以利用的时间和环境来练习口语。在课外，学生学习的知识可以作为课堂教学内容的补充，如果教师能够利用丰富的第二课堂，即课外活动，那么学生自身的口语能力提升速度也将是显而易见的。例如，教师可以组织学生进行英语演讲比赛、英语短剧表演等活动，让学生将自己的表演录成视频，在多媒体教室播放，学生通过观看视频来提出自己的建议与评价，这可以在短时间内提升学生的英语口语能力。此外，有条件的教师还可以邀请一些外籍教师为学生进行课外讲座，或者创办英语学习期刊，设立英语广播站等，让学生在丰富自己课余生活的同时也能体会到英语口语的乐趣，从而更加热爱英语口语学习。

3. 美剧辅助法

校园中，美剧十分流行，深受学生的喜爱。实际上，美剧并不仅是一种消遣方式，还是帮助学生认识西方文化、提高口语表达能力和交际能力的重要途径。对此，教师可以通过美剧来开展口语教学，以改善口语教学环境，激发学生的学习兴趣，锻炼学生的口语表达能力。

第四章 自主学习策略导向下的英语听说教学法创新

（1）选择合适的美剧

美剧通常语言地道、故事情节生动富有吸引力，是一种有利于激发学生兴趣的学习资料。美剧类型丰富，题材各异，不同类型的美剧对学生的口语能力所发挥的作用也不相同，因此在运用美剧开展口语教学时，教师要对美剧进行筛选，选择有利于锻炼学生口语水平的美剧。此外，教师还要提醒学生不要只沉浸在对美剧的欣赏中而忽视对美剧中语言知识和文化背景的学习，鼓励学生带着学习目标来观赏美剧。

（2）开展层次性的反复训练

在运用美剧进行口语教学时，教师应遵循循序渐进原则，开展反复性的练习，逐步提升学生的口语能力。例如，在首次观看的时候，教师要引导学生将精力放在剧情上；在第二次观看时，教师可以引导学生对剧中的表达和语法等进行推敲；第三次观看时，教师可引导学生重点对人物说话的语气以及台词所隐含的内容进行挖掘和分析。分层逐步开展，可以有效加深理解和记忆，对提高学生的口语能力十分有利。

（3）关闭字幕自主理解

在看美剧时，很多学生习惯看字幕，脱离字幕将无法正常观看影片，实际上这样观看美剧对提高口语表达能力并不利。在观看美剧时，学生应对台词形成自己的理解，在不偏离剧情中心思想的情况下抛开字幕自主理解，可以有效锻炼英语交际思维。

（4）勇于开口模仿

学生要想通过美剧切实提高口语交际能力，就要在听懂台词、了解剧情的基础上开口说，即对剧中人物的台词进行模仿。只有不断地开口练习，才能培养英语语感，增加知识储备，进而提高口语交际能力。

总体而言，采用美剧来辅助英语口语教学能有效提升学生的听说能力，还能提升学生的写作能力，进而培养学生的跨文化交际能力。

4.创境教学法

口语学习的目的是进行交际，所以学生只有在真实的情境中开口说英语，才能使自己的口语能力得到锻炼。对此，教师可以采用情境教学法开展口语教学，即创设真实的情境，让学生在真实的环境下学习口语。具体而言，教师可以通过角色扮演和配音两种活动来创设情境，锻炼学生的口语能力。

（1）角色表演

教师可以根据教学内容让学生进行角色扮演，将主动权交给学生，让学生自主分工、自行排练，然后进行表演。这种方式深受学生喜爱，不仅能缓解机械、沉闷的教学环境，还能激发学生说的兴趣，让学生在真实的社会场景中进行社交活动，锻炼口语能力。当学生表演结束后，教师不要急于评价，应先给学生一些建议，然后再进行点评和总结。

（2）配音

配音是一种有效锻炼学生口语能力的方式，教师可以充分利用配音活动来提高学生的口语水平。具体而言，教师可以选取一部英文电影的片段，先让学生听一遍原声对白，同时向学生讲解其中的一些难点，然后让学生再听两遍并记住台词，最后将电影调至无声，让学生进行配音。这种方式可有效激发学生开口说的积极性，而且能让学生欣赏影片的同时锻炼口语能力。

二、英语口语教学创新的原则

在英语口语教学中进行文化渗透，教师应遵循科学的教学原则，以有效提高学生的口语水平，提升教学的效率。具体而言，可遵循以下几项原则。

（一）先听后说原则

在英语语言技能中，听和说是相辅相成的，听是说的基础，俗话说"耳熟能详"，只有认真听、反复听、坚持听，才能最终说一口流利的英语。因此，英语口语教学应当坚持先听后说原则，即教师首先应注意加强学生听的能力，其次才是说的能力。只有坚持先听后说原则，才能帮助学生掌握正确的发音，为训练口语能力打下良好基础。

第四章 自主学习策略导向下的英语听说教学法创新

（二）循序渐进原则

口语能力的提升需要一个很长的过程，不可能一蹴而就，因此在英语口语教学中，教师应遵循循序渐进原则，即由易到难、由理论到实践，层层深入，逐步提升学生的口语能力。我国的大学生来自全国各地，不仅英语水平参差不齐，发音也会受方言的影响，因此教师在口语教学的过程中首先应该解决学生语音、发音层面上的问题与困难，纠正他们的错误发音，让学生根据从简单到复杂的程序，从语音、语调、句子、语段等逐步进行锻炼。另外，教师在安排与设计教学步骤时也要遵循科学原则，充分把握难易程度。如果教学目标定的太高，学生学习起来会有压力，如果目标定的太低，学生学习起来会缺乏挑战性和乐趣，因此教学目标设计要适度，符合学生的实际水平。

三、英语口语教学方法的创新

（一）教学理念和教学目标

在英语口语教学中，应该坚持以学生为中心，课堂内应该将学生的主体作用发挥出来，教师起到引导的作用，这样才能真正地提升教学的效果。基于这样的理念，英语口语教学应该对学生的自信心、准确性等进行培养，发挥英语的工具性作用。开学初期，教师应该对不同阶段学生的口语评价标准有清晰的了解，学生也应该对自己的英语口语水平有所了解，教师进而展开诊断性评断，引导学生对口语学习目标等进行制订，这样提升英语口语教与学的水平。

（二）课前线上翻转预习

英语口语教学是建立在英语综合教程基础上的。在课前，预习主要是线上的预习。教师在设置预习任务的时候，应该从单元课文主题设计出发，采用多种形式，如问题讨论形式、朗读形式、角色扮演形式等，便于学生展开移动学习，为课堂的展开做铺垫。

同时，学生应该采用网络技术，对相关英文文章、视频等进行搜索，对课堂口语学习任务进行准备。通过线上学习，学生展开英语语言的输入与输出，为课堂展开做铺垫，还能一定程度上增强学生口语表达的自信心。这种模式将传统的讲授式教学进行颠覆，实现了从教到学的转变，也调动了学生学习的积极性。

（三）课中线下交流+信息技术

在课堂上，教师检查学生口语任务的完成情况，教师的角色也发生了转变，从操控者逐渐向指导者转变。在课堂上，口语活动除了面对面交流，还可以通过QQ语音来参与，这样可以使学生都参与其中，增强学生参与课堂的程度。

教师对学生的口语情况进行反馈，分析学生的口语流利情况、语音情况、词汇是否多样、语法是否准确等，帮助学生对口语进行诊断，进而让学生更有效地进行学习。在课堂中，教师可以利用慕课资源，对学生的口语教学进行辅助，实现课堂与网络之间的融合，提升英语口语教学的效果。

英语口语课堂教学是建立在其他技能教学的基础上。因此，学生在听的基础上展开讨论与复述，这其实是在促进说。在阅读中，教师从文章内容中提出一些具备挑战的问题，让学生发散思维，提升综合能力。对于每一单元的课文，学生可以进行朗读，这样可以纠正学生的发音情况。当然，口语活动结束之后，教师可以要求学生展开一定程度的协作，这样可以使口语与写作相融合，提升学生的综合语言能力。

（四）课后线上+线下拓展学习

在课堂结束之后，学生可以运用网路技术展开线上与线下的学习。利用校园的听说系统进行重复训练，对自己的学习效果加以巩固，提升自身学习

第四章　自主学习策略导向下的英语听说教学法创新

的准确度与流利性。教师从课堂教学出发，为学生安排新的交互活动，如讨论、角色扮演等，学生在线下进行准备，然后通过手机录像上传，教师可以选取其中一些在下一节课进行展示。

学生利用教师推荐的网站与链接，在课堂结束后展开自主学习，如果学习中遇到问题，教师可以通过微信直播等形式为学生解惑。这些任务可以让学生的口语学习转到课外。在课堂结束之后，鼓励学生参与第二课堂或者一些朗诵比赛、话剧活动等，这也是线下学习的方式，从而不断提升学生的口语交际能力。

第五章 自主学习策略导向下的英语读写译教学法创新

对于英语学习而言，读写译是必须要掌握的技能，学生在学习英语的过程中往往会感觉阅读技能的掌握相对容易，但写作、翻译技能的掌握就比较困难。造成这种情况的原因，主要是教师教学过程中对写作、翻译技能没有给予足够的重视，这种行为造成了一定的后果，即学生认为写作、翻译技能在英语学习过程中是无足轻重的，显然这种想法是严重错误的。本章重点研究自主学习策略导向下的英语读写译教学法创新。

第一节 英语阅读教学及其教学法创新

一、英语阅读教学知识介绍

在语言学习过程中，阅读能力一直都发挥着重要的作用，因此很多国家都十分重视阅读。例如，美国做过"美国阅读动员报告"，英国启动了"阅读是基础"运动，两国还投入了大量人力和财力来推动国民阅读能力的培养。在中国教育教学中，阅读能力也深受重视。关于阅读的定义，不同的学者发表了不同的看法。

纳托尔（Christine Nuttall，2002）对阅读的理解总结为以下三组词。

（1）解码，破译，识别。

（2）发声，说话，读。

（3）理解，反应，意义。[①]

"解码，破译，识别"这组词重点关注阅读理解的第一步，也是十分关键的一部，读者能否迅速识别词汇，对于阅读者而言有着重要的影响。"发声，说话，读"是对"朗读"这种基本阅读技能的诠释，这属于阅读的初级阶段。朗读是将书面语言有声化，在各种感官的共同作用下加快对阅读内容的理解，这有助于语感的培养。通常，随着阶段的提升，读的要求会从有声变为无声。"理解，反应，意义"强调阅读过程中意义的理解与交流。在这一过程中，读者不再是被动接受阅读材料中的信息，而是带着一定的目的，积极地运用阅读技巧去理解阅读材料的主要信息。

Aebersold（2003）认为，读者和阅读文本是构成阅读的两个物质实体，而真正的阅读是二者之间的互动。

王笃勤（2003）指出，阅读是一项复杂的认知活动，是读者提取文本中的信息并与大脑中已有的知识结合，从而建构意义的过程。读者理解阅读文本的过程中主要涉及三种信息加工活动，分别是对句子层面、段落或命题层面、整体语篇结构层面的分析活动。

由上述定义可以看出，很多学者都认为阅读涉及读者和阅读文本，并且认为阅读是这二者之间的交流互动。简单而言，阅读就是读者积极运用已经掌握的语言知识和背景知识等对语言材料进行处理，同时获取信息的过程。

（一）英语阅读教学中语言处理的问题

文本是语言的载体，任何阅读文本的内容、思想都是通过语言表现出来

[①] 孟银连.高中英语阅读教学中文化知识教学调查研究[D].重庆：重庆师范，2018：10.

第五章 自主学习策略导向下的英语读写译教学法创新

的（梁美珍等，2013：57）。但是只有把语言与内容、思维进行有机的结合，才能充分领略它独有的魅力。因为从某种意义上，在一个文本中，其内容即意义是灯，语言是灯罩，而思维是影子（葛炳芳，2013：9）。阅读教学中的语言处理，应该是综合视野下的语言处理，是学生在理解文本内容和提升思维能力的过程中进行的有目的的、体验式的、语境化的语言学习。[①]

目前，一线教师已经开始有了在阅读教学中进行语言处理的意识，已经开始认同英语阅读教学的课堂不是只有文本信息的提取，还应有思维的培养和语言的处理。但问题是什么样的语言需要在阅读教学过程中进行处理？什么时候处理？怎么处理？很多教师对此还不是很清楚，所以在实际操作中出现了这样或那样的问题。

1.缺乏"赏析"意识

根据认知发展的规律，学生首先是感知语言，了解其应用范本，然后才是模仿应用（王笃勤，2012：201）。感知语言、理解其应用范本是输入，模仿与应用是输出。只有充分有效的输入才能保证最后高质量的输出。在阅读教学的语言处理过程中，学生需要在信息的提取中感知语言，在文本的评价中赏析语言，在思维的提升中运用语言。其中，教师有意识地引导学生欣赏分析文本的核心语言，体验发现语言在"表情达意"中的"精、准、美"，有利于学生内化目标语言，是后续有效输出的必要准备。

但是很多英语阅读课堂难觅语言赏析的踪迹，课堂的基本模式常常是"信息提取和整合加一个'装模作样'的语言运用和输出"。很多阅读课堂中，尽管教师没有为学生提供足够的有针对性的语言上的输入，但课堂的最后一个环节往往总有一个"高大上"的口头甚至笔头的语言输出活动。试想，没有输入，何来输出？比如，一位教师的主要教学步骤如下：

（1）According to the picture and the title, predict what will be talked about in the passage.

（2）Go through the passage and find out what the story mainly tells us.

[①] 王秋红. 英语阅读教学中的语言处理：理解与赏析[M]. 杭州：浙江出版社，2015.

（3）Read the passage again and answer the following question: What do the two restaurants have in common?

（4）Predict the end of the story.

（5）Further thinking: What would happen if they didn't change their menus? Can you offer them advice?

（6）On the basis of your discussion, write a letter to Yong Hui or Wang Peng to share your opinion with them.

显然，本堂课中，在最后的输出活动之前，教师只为学生做了话题或信息上的铺垫，几乎没有什么语言上的输入，所以最后的输出只是为了输出而输出。实际上，有输入才有输出，输出是建立在对语言充分的感知和赏析的基础上的，所以没有了对语言的感知、赏析和内化，语言的输出活动只是"假输出"。这样的输出只是为了让一节阅读课看起来似乎"完整而又得体"，而并非是学生模仿应用目标语言的平台，其效果可想而知。

"也许是我们走了太久，却忘记了为什么要出发。"英语是一门语言课程，英语阅读教学承载着语言目标。但语言学习只是阅读教学中的一个重要组成部分，除此之外，还有内容目标，思维目标。正如葛炳芳（2015）所说的那样："中学英语阅读教学，应当为内容而读，为思维而教，为语言而学。"

2. 缺乏"语境"意识

虽然目前很多教师开始认同在英语阅读教学中需要进行必要的语言处理，但在实际的课堂教学中，一些教师还是很难摆脱长期习惯了的"两张皮"的做法，即一堂专门的信息处理课，一堂专门的语言处理课。更有甚者，一些教师奉行"三张皮"的做法。这样的教师往往把单元第一课时设计成单元词汇学习课。课上教师根据教材词汇表（包括阅读文本中的部分词汇）进行单纯的词汇教学。在语境完全缺失的情况下，教师带领学生熟悉单词的读音、用法，并提供一些词组和例句。他们的第二课时就是信息处理的阅读课，之后就是专门处理阅读文本中语言点的第三课时。这样的语言学习，课堂容量大，学生课后的记忆负担重，但效果却不尽如人意，因为这样的教学安排人为地使语言学习脱离了语境，语言处理的过程只有教师枯燥的

第五章 自主学习策略导向下的英语读写译教学法创新

讲解，没有环环相扣的文本理解做支撑，没有令人愉悦的语言赏析，没有"小试牛刀"的输出和运用语言所带来的那份成就感。

3.缺乏"目标"意识

在现实的课堂中，教师对阅读教学中目标语言往往缺少全面正确的理解，导致了阅读教学中语言处理的片面化、狭隘化。一些教师经常把阅读教学中语言处理等同于"语言点"的处理，把词汇等同于单词，而忽略词块（词组和习惯用语）的教学。其实，除了词汇，文本的语体、篇章结构、语篇的衔接与连贯手段以及修辞方式等都是阅读教学中语言处理的重要内容。课堂教学中的目标就像为夜航中的船只指明方向的灯塔，决定课堂的最终走向。课堂教学需要有教学目标的指引，同样阅读教学中的语言处理，也需要有具体的语言目标。只有这样，阅读教学中的语言处理才能做到"精""准"，才能取得良好的效果。

然而，一些教师在制定课堂的教学目标时，往往忽略对语言目标的定位。大学英语教材题材广泛，体裁多样，阅读文本语言丰富，且各具特色，但是阅读教学的课堂时间是有限的。假如课前没有全面的文本解读，没有充分的语篇优势分析，没有精确的目标语言定位，那么在阅读教学中难免就会"脚踩西瓜皮，滑到哪儿算哪儿"，或者是"眉毛胡子一把抓"，什么都抓不好。这样既会出现把阅读课上成语言处理课的危险，也会出现语言处理重点不突出、学生找不到方向的现象。

（二）英语阅读教学中语言处理的艺术

学生学习内化语言的过程就像人们消化吸收食物的过程。囫囵吞枣式的进食，虽然也能给人维持生命的养料，但会造成消化不良，甚至厌食。阅读教学也存在着这样的问题，填鸭式流于表面的教学，会让学生失去学习的愉悦体验与享受。阅读的过程应该让学生充分理解文本的内容，品味语言的"色香味"，让阅读成为一种享受，学生才能更好地吸收文本中的"营养"。

阅读是思维的过程。Anderson等（2001）对Bloom的认知分类进行调整，确立了认知加工的6个维度"记忆、理解、应用、分析、评价和创造"，在此过程中的思维层次和要求由低级走向高级。

1.在提取信息中感知语言

语言作为工具，承载着思想，传递着信息。语言从用途上来理解，是用来交际的工具。教授一种语言，学习者必须以某种有意义的方式来经历语言（张德禄等，2005）。所谓"有意义"，即指语境，指语言所指向的信息。语言的学习应遵循在语境中、在信息的获取中感知语言。脱离语境、孤立地学习词汇句式等，仅仅是一种单调的记忆练习，很难使学生真正理解和掌握。俗语有云："字不离词，词不离句，句不离篇。"教师应借助文本提供的语境或自行设计的与话题相关的语境，帮助学生提取大脑中已有的背景知识，提取文本中的信息。在阅读教学中，这是学生理解文本内容的过程，也是学生体验、感知目标语言的过程。

（1）在提取背景知识中感知语言

在阅读课前的热身导入阶段，教师可根据本单元的主题和课文内容，用英语释义讲解、推进话题讨论等，让学生在真实的语境中感知目标词汇的含义。例如，阅读关于曼德拉（Nelson Mandela）文章时，课文的引入可以采取竞猜的形式，以逐句竞猜伟人的方式，引出文本主题人物曼德拉。

人物竞猜游戏能有效激发学生的兴趣，并能快速引出主题人物。而在人物竞猜游戏的设计中，通过创设一个个小情境，对人物（孙中山、白求恩、甘地、曼德拉）进行描述，教师有意识地输入文本的目标语言："attack, fee, violence, equal, lawyer, guidance, legal, president"，使学生能结合自己的知识储备，在对人物信息的提取中感知理解部分目标词汇的大意，并为后续文本阅读扫清部分语言上的障碍。有针对性的问题有助于学生提取关于描述伟大人物的品质的词，也为学习和提炼人物描写这一语言目标打下基础。

（2）在挖掘文本信息中感知语言

在文本阅读环节，教师可以引导学生借助对上下文信息的挖掘，推敲前后句子的逻辑关系，加深对部分目标词汇的意义及用法的理解。

2.在评价文本中赏析语言

在感知语言的基础上，把赏析引入高中英语阅读教学，可以纠正学生原

第五章　自主学习策略导向下的英语读写译教学法创新

有的英语课文"枯燥无味"的错误认识，有助于学生体验语言的美感，培养阅读兴趣，促进学生语言知识的习得和语言技能的发展，提升学生的语言素养和人文素养。

赏析，顾名思义，即欣赏分析，这是一种相对高级的思维活动，需要结合已有认知，对事物做出判断评价，去感受美的事物。鲁子问教授认为，作为课文的文章首先是一个独立语篇，具有自身的语义功能、语用目的和语境。因此，每一篇课文都有自己独特的语篇优势，即自身较为突出的地方，如语言优势、结构优势等（林秀华，2012）。教师应抓住这些精彩之处，带领学生去领略语篇文字的美好。

同样，在英语阅读教学中赏析语言，应建立在文本浅层信息的理解上，在对文本的评价中，提炼文本的内容观点、评价语篇的结构逻辑、分析文本的语言特色、挖掘语言的文化内涵等。刘洵、付山亮提出英语教学不仅要指导学生清楚作者表达了什么内容，而且更应该指导学生明白作者是通过哪些语言手段增强表达效果的（胡莹芳，2014），以及为什么这样表达。

现今的阅读教学大多只停留在内容层面的表层信息的获取，而不关注语言形式和对文本内在的深层含义的挖掘。教师要从只问"是什么"转向多问"怎么样"和"为什么"。评价文本，挖掘内在的深意，正是从理解走向赏析，从"知其然"跨越到"知其所以然"，体会作者的意图，走入文本的深层。教师要侧重通过问题的设置，引导学生关注作者在语言使用上的技巧，学习遣词造句、布局谋篇、表情达意的方式方法，赏析用词之精妙，句式之丰富，衔接之巧妙，谋篇之用心，修辞之雅韵，立意之高深。赏析语言可以通过比较、分析、归纳语言形式，以朗读、推理、联想等方式推进。评价文本，走入深处，这是赏析的精髓所在。

3.在提升思维中运用语言

葛炳芳（2013：74）提出："阅读起点不仅仅是语言感知，同样重要的是话题知识；阅读过程不仅仅是信息处理，同样重要的是体验感受；阅读终点不仅仅是语言运用，同样重要的是思维能力。"因此读后的环节，教师不仅要关注语言的操练，还要兼顾思维的发展，设计相应的输出活动，提升

"语言创新思维，包括逻辑性思维、创造性思维、批判性思维"（黄远振等，2014）。英语阅读教学实践中，多数教师把词句英汉互译、复述课文等当成是运用语言的常规手段，然而，研究发现，这些练习对于学习促进的功效是比较低的（王初明，2013），更谈不上思维能力的提升。例如，让学生写一篇题为 The Story of an Eyewitness 的短文。要求学生自主选择描述的内容，但必须尝试使用文本的语言，如修辞手法（重复、排比、夸张、对比等）。

这样的输出活动，从生活实际中来，让学生能有情感可发，有内容可选，有语言可仿，真正激发学生运用语言的欲望，达到刘勰所说的"情以物迁，辞以情发"。同时内容与角度的自主选取也极大地锻炼了学生的思维，因为文章构思的过程包含着一个复杂的思维过程：确定什么样的主题，选择什么样的内容，模仿什么样的语言，按照什么样的顺序来组织语篇等。英语哲学家怀特海曾说："通往智慧的唯一道路是在知识面前享有自由。"（程红兵，2015）因为这份自主，学生能在思维的提升中更好地内化输出语言。下面是学生习作：

The Story of an Eyewitness

Never before in history had Yuyao been faced with such a challenging disaster. After typhoon Fitow swept across the region, nearly all the downtown areas were flooded. All the roads and drains were flooded, so people had to feel the way cautiously like the blind. All cars, except those deliberately parked on the bridge, were flooded, floating in the floodwater as if deserted. Supermarkets and shops were flooded. with goods submerged in the waist-deep water. Small houses and apartments on the first floor were flooded too, leaving people homeless and helpless. All these made the worst several days of Yuyao.

Cold and merciless as the flood was, flames of friendship between ordinary people burned. In Yuyao High School, for instance, scenes moved me to tears. A lot of short boys and girls were carried on the tall boys' backs to dormitories in the rain and floodwater. A lot of "boats" made of mineral water barrels were paddled all around the campus to offer help. A lot of foods and pure water were transported from different places to boys' and girls' dormitories to meet their daily needs. Actually, more places than this witnessed such moving scenes. Never in all Yuyao's history were her people so kind and united as on those terrible days.

学生的习作首段写灾，末段赞人，前后对比。习作的语言也借鉴了首句和末句，借鉴了文本中"never"的倒装句，语气强烈，首尾对比呼应。首段中五个含"flooded"的句子采用重复的修辞，选取了道路、车辆、商店、住宅这些内容，凸显水灾下一切都被淹没的惨烈景象。次段首句，仍旧模仿了文本中"as"引导的让步状语从句，承上启下。但该段中对于友谊的描绘不是通过全景描写，而是以校园内的场景为例，这与文本有些微差异。三个"a lot of..."的句子运用了排比句式，结构工整，极富整齐美和韵律美，表现了灾难之下，人们勇敢面对、自救互助的场景。总的来说，全文较好地模仿了文本的结构、语言，但在内容的选取上则发挥了学生的自主性和创造性，根据自己的亲身经历，抒发真实情感，达到了预设的语言学习目标。

（三）英语阅读教学中的障碍

阅读过程常会涉及文化问题，如果不具备一定的文化知识，不了解英汉文化的差异，将很难有效进行阅读。可见，文化差异对英语阅读有着重要的影响，而对英语阅读教学也有着一定的影响，以下对此进行具体说明。

1.历史文化层面

每一个国家和民族在漫长的演变和发展中都形成了有着民族特色的历史文化，蕴含着丰富的文化底蕴。在阅读英语文章时，学生时常会因为不了解相关的历史文化而产生阅读障碍。

例如，"meet one's waterloo"这一成语来自著名历史事件"滑铁卢战役"。Waterloo（滑铁卢）是比利时中部的城镇，1815年拿破仑在这个地方大败，从此一蹶不振。Waterloo这个小镇也因此次著名战役而出名。从字面意思上来看，"meet one's Waterloo"是"遭遇滑铁卢战役之类的事"，可以进一步引申为"惨败"。

对此，在英语阅读教学中，教师应丰富学生的历史文化知识，扩大学生的知识面，为学生阅读能力的提升奠定基础。

2.思维模式层面

不同的民族有着不同的思维模式，这种思维模式也在语言中有着显著的体现，即表现为英汉语篇有着显著的差异。英语语篇属于演绎型语篇，往往开门见山，在文章的一开头就表明作者态度，随后再进行验证说明。汉语语篇属于归纳型语篇，往往是先摆事实、讲理由，最后得出结论，而且作者的主题思想隐蔽，需要学生边阅读边体会。这就使得学生养成了精读的阅读习惯，在面对英语文章时不善于运用略读等技巧，进而影响阅读效率。

对此，教师在阅读教学中应引导学生了解英汉思维的差异以及这种差异对语篇阅读的影响，培养学生的英语思维能力，锻炼学生运用英语思维理解文章的能力。

3.社会文化层面

由群众创造的具有民族特征的并对社会群体发挥作用的文化现象就是社会文化。社会文化的不同也对学生的英语阅读造成了一定的影响。例如，"bread and butter"这一短语，"bread"的意思是"面包"，"butter"的意思是"黄油"，在西方，面包和黄油都是很日常的食物，是人们日常生活中不可缺少的，因此"bread and butter"在英语中就常被引申为"生计，主要收入来源"。如果学生不了解这一文化背景，在阅读中就会影响正确理解。

（四）英语阅读教学的常见方法

1.采用"阅读圈"教学

"阅读圈"是指一种由学生自主阅读、自主讨论与分享的阅读活动。[①]在

---

① 刘卉. 英语文化教学中阅读圈教学模式的构建与探索[J]. 教育现代化，2018，（45）：237.

第五章　自主学习策略导向下的英语读写译教学法创新

英语阅读教学中,"阅读圈"教学法主要包含以下几个实施步骤。

（1）设计任务

教师以某个文化专题为教学内容，明确教学目标，选定学生在课堂以及课外需要阅读的材料，设计好相应的需要学生进行讨论和分析的问题，并规划好学生完成这些任务的学习模式。

（2）布置任务

在这一环节，教师安排学生组成"阅读圈"，每个小圈子为6~7人。之后，教师向学生讲解阅读圈教学模式的理念、要求和规则，告知学生的学习重点和内容。此外，教师可以鼓励学生在自己的阅读圈内承担一定的角色，具体角色示例如表5-1所示。

表5-1　阅读圈各成员的角色分配示例

角色	具体任务
讨论组织者	主持整个讨论过程，并准备相关问题供圈内成员讨论
词汇总结者	摘出阅读材料中的与文化专题相关的重点词汇和好词好句，引导圈内成员一起学习
总结概括者	对所有阅读材料的文化元素和内容进行总结并与组员分享，总结、评价小组活动的内容和成果
语篇分析者	提炼阅读材料的重要的语篇信息并与圈内成员分享
联想者	将所读阅读材料与文化专题相对应的中国文化的内容建立联系，结合最新的社会文化发展动态进行批判性评价
文化研究者	从阅读材料中找到与自己相同、相近或者不同的文化元素和内容，并引导圈内成员进行比较

（资料来源：刘卉，2018）

（3）准备任务

在布置完任务之后，教师引导学生进行独立思考，并让学生将需要讨论的问题及自身的思考结果形成文字。此外，由于阅读圈内各成员承担着不同角色，教师应鼓励学生完成各自任务，自由表达自己对文化的不同看法。

(4)完成任务

当学生通过自己的努力和教师的引导完成相应的任务时，各个小组就可以按照各自负责的内容进行汇报，对所读内容进行信息加工、思维拓展，确定小组汇报的内容，最终形成PPT，在课堂上展示核心成果。

(5)评价任务

当学生各自汇报完自己的学习成果时，就可以进入评价阶段了。评价可以是学生自评，也可以是同学互评，还可以是学生和教师共同评价。

2.构建阅读文化图式

图式理论充分彰显了阅读的本质，即强调阅读的本质是读者及其大脑中所理解的相关主题知识与阅读材料输入的文字信息之间相互作用与交互的过程。图式理论是一种关于阅读研究的科学理论，其不仅强调文化背景知识与文化主题知识的重要性，还强调词汇、语法在阅读中的重要作用。下面通过读前、读中、读后三个阶段进行详细的分析。

读前阶段是信息导入阶段。在这一阶段，要发挥出图式在阅读之前的预测功能。教师可以组织学生参加一些讨论、预测或者头脑风暴等活动，从而将学生头脑中的图式激发出来。在这一阶段，通过自上而下的阅读，学生头脑中的先验知识与文本相结合，从而将学生的图式激活与构建，为学生进一步的阅读埋下伏笔。

读中阶段是文化渗透阶段。在这一阶段，要发挥出图式的信息处理功能。学生们根据自上而下的模式来探究文章的整体思路。一些新的文化知识可以通过自上而下的阅读模式获得，从而构建内容图式与阅读技巧。在读中阶段，略读、细读等都是比较好的策略。

读后阶段是文化拓展阶段。在这一阶段，要发挥出图式的记忆组织功能。教师可以通过各种活动对学生习得的新图式加以巩固，如辩论、角色扮演、讨论等。图式理论指出学生存储在大脑中的图式越丰富，学生的预测能力就越强。因此，课外阅读是非常重要的。

具体可以通过图5-1体现出来。

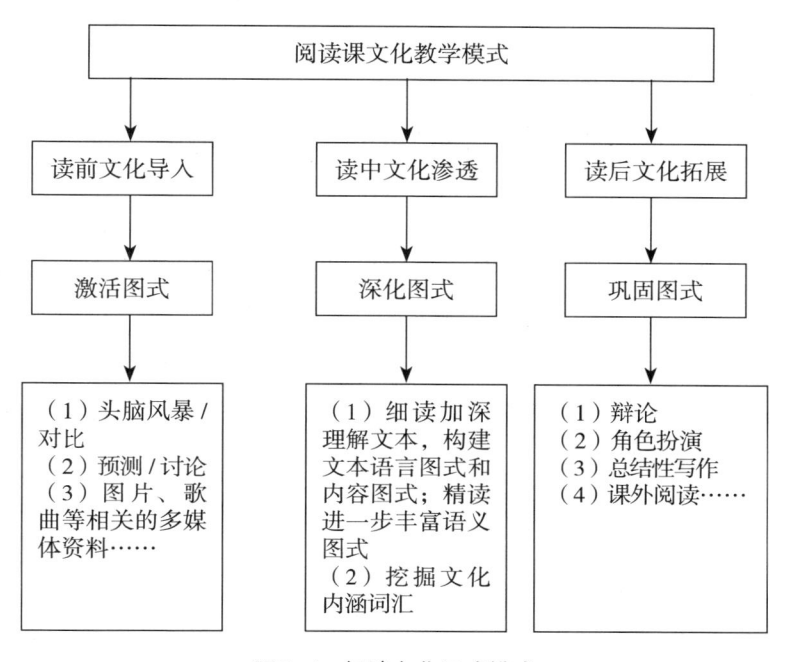

第五章 自主学习策略导向下的英语读写译教学法创新

```
                    ┌─────────────────────┐
                    │  阅读课文化教学模式  │
                    └──────────┬──────────┘
            ┌──────────────────┼──────────────────┐
            ▼                  ▼                  ▼
    ┌─────────────┐    ┌─────────────┐    ┌─────────────┐
    │ 读前文化导入 │    │ 读中文化渗透 │    │ 读后文化拓展 │
    └──────┬──────┘    └──────┬──────┘    └──────┬──────┘
           ▼                  ▼                  ▼
    ┌─────────────┐    ┌─────────────┐    ┌─────────────┐
    │   激活图式   │    │   深化图式   │    │   巩固图式   │
    └──────┬──────┘    └──────┬──────┘    └──────┬──────┘
           ▼                  ▼                  ▼
    ┌─────────────┐    ┌─────────────────┐  ┌─────────────┐
    │(1)头脑风暴/ │    │(1)细读加深      │  │(1)辩论      │
    │   对比      │    │理解文本,构建    │  │(2)角色扮演  │
    │(2)预测/讨论 │    │文本语言图式和   │  │(3)总结性写作│
    │(3)图片、歌  │    │内容图式;精读    │  │(4)课外阅读……│
    │曲等相关的多媒│    │进一步丰富语义   │  └─────────────┘
    │体资料……     │    │图式             │
    └─────────────┘    │(2)挖掘文化      │
                       │内涵词汇         │
                       └─────────────────┘
```

图5-1 阅读文化图式模式

（资料来源：马苹惠，2016）

（1）读前文化导入——激活图式

①头脑风暴法。在英语阅读中，头脑风暴法常被用于导入环节之中。学生通过这一方法可以展开丰富的联想，从而刺激头脑中形成新的图式。因此，教师在文化导入过程中要考虑话题的需要，为学生创设合理的头脑风暴，让学生更好地融入课堂之中。

例如，在讲解与音乐相关的内容时，教师可以对音乐类型进行头脑风暴，从而让学生们想象到rap，folk music等类型。在这些音乐中，也可以让学生对比中西方音乐的不同，从而吸引学生学习的兴趣和积极性。

②预测与讨论。在阅读之前运用图式理论时，教师应该发挥学生推理的能力。学生通过对文本材料进行解读与推理，从而刺激自身的图式。例如，还是以音乐为例，教师在讲授门基乐队成立的情况时，可以提出5W，从而帮助学生更好的预测文本信息，之后鼓励学生通过讨论预测具体的文本内容。

③运用多媒体资料。在文化导入阶段，教师应该善于运用多媒体资料，从而让学生更好地体验文化教学的特色。通过多媒体，学生可以更直观地感受语言知识，了解中西方语言文化的差异，刺激学生的图式，让学生在激活自身图式的基础上进行下一步内容图式的拓展。

（2）读中文化渗透——深化图式

在读中阶段，教师可以在这一阶段进行文化知识的渗透，进一步对学生的内容图式加以丰富，从而让学生更好地展开阅读。在阅读教学中，教师采用扫描、略读等策略帮助学生构建灵活的图式，促进学生激发头脑中与之相关的图式，从而便于学生更好地理解文章。在细读阶段，教师要帮助学生挖掘与语篇相关的文化内涵，扫除他们在正式阅读中的障碍。

首先，可以通过略读和扫描法，让学生大致了解文章的大意，从而获得文章的总体信息与思路，这是帮助学生建构相关内容图式的有效路径。扫描法是学生根据教师的指令，能够在文章中找到特定的信息。

其次，可以通过精读，根据上下文，让学生明确每一个单词的含义，尤其是那些具有文化内涵的词汇，从而丰富学生的内容图式。

（3）读后文化拓展——巩固图式

在读后阶段，主要是充分发挥学生头脑中的记忆功能。一般来说，读后的文化拓展的方法主要有如下几种。

第一种是辩论。教师可以针对文本材料中的相关内容，选取一些视角展开辩论，学生在辩论中对与文本相关的内容图式加以巩固。同时，通过辩论，学生也可以更好地理解文本的文化内涵与文化背景知识。

第二种是角色扮演。学生通过学习与文本相关的文化知识，从而丰富自身的文化内容。然后，学生带着角色有目的地重新阅读文本，教师引导学生对文本进行改变或者情景模拟，从而激发学生学习的兴趣和积极性，提高他们在真实语境下对文本综合运用的能力。

第三种是总结性写作。这一方式有助于学生加深对文本的理解，让学生将文化知识从短时记忆转向长时记忆。

第四种是课外阅读。除了课后巩固之外，教师还应该鼓励学生展开课外阅读。通过大量的课外阅读，学生可以提高学习的自主性，而且还能在阅读中不断丰富自身的内容图式。

第五章　自主学习策略导向下的英语读写译教学法创新

二、英语阅读教学创新的原则

（一）重视一般词汇教学原则

对于英语阅读而言，词汇是必不可少的组成部分，也是顺利进行阅读的基础。作为一名英语教师，应该理解词汇在阅读理解中所扮演的角色。学生理解基础词汇，有助于他们在阅读上下文时猜测出一些低频词汇的含义。根据研究显示，那些经常阅读学术性文章的学生对术语猜测的能力要明显强于猜测一般词汇的能力。因此，学生如何积累一般的词汇是教师需要关注的问题。

在词汇积累教学中，单词网络图是比较好的方式。在英语阅读课堂上，教师可以给出一个核心概念词，然后让学生根据该词进行扩展，从而建构其他与之相关的词汇。需要指出的是，高频词教学在词汇积累中是非常重要的，其有必要渗透在英语听、说、读、写、译教学之中，并在细节层面给予高频词过多的关注，这样才能便于学生顺利完成阅读，并根据这些高频词顺利猜测陌生词语的意义。

（二）速度与流畅度结合原则

英语阅读教学存在一个严重的困难就是，虽然学生具备了阅读的能力，但是很难进行流畅的阅读。也就是说，教师将更多的关注点放在学生阅读的准确性上，而忽视了学生阅读的流畅性。这就要求教师在阅读教学中找寻一个平衡点，不仅帮助学生提高阅读的速度，还要保证学生阅读的流畅性，这是阅读教学培养速度的最终目的。一般来说，学生阅读的过程不应该被词汇识别干扰，而是应该花费更多的时间研读内容及语言背后的文化。要想提升阅读的速度，一个好的办法就是反复进行阅读。通过反复的阅读，实现速度与理解的结合。

（三）激活背景知识原则

文化语境知识即所谓的背景知识，是读者在对某一语篇理解的过程中所具备的态度、价值观、对行为方式的期待、达到共同目标的方式等外部世界知识。在英语阅读教学中，背景知识是重要的组成部分，尤其是对母语为汉语的人来说，阅读那些源自汉语文化背景的著作要容易一些，但是阅读那些不同文化背景下的相关著作必然会遇到困境。要想对以英语文化为背景的语篇有着深刻的理解，必然需要具备相关的文化语境图式，这样才能实现语篇与学生文化背景图式的吻合。读者的背景知识会对学生的阅读理解产生影响。其中，背景知识包含学生在阅读语篇过程中所应该具备的全部经历，包括教育经历、生活经历、母语知识、语法知识等。如果教师通过设定目标、预测、讲解一些背景知识，读者的阅读能力就能够大幅度的提高。如果学生对所阅读的话题并不清楚，教师就需要建构语境来辅助学生的学习，从而启动整个阅读过程。

具体来说，教师在进行备课时要精心准备教材，弄清弄透英语阅读教学中存在的文化语境空白，对材料进行精心的选择，或者为学生提供某些线索，让学生通过一定的手段和方式处理语篇中涉及的文化背景知识。当然，由于课堂时间是非常有限的，学生不可能解决所有不熟悉文化背景知识的内容，这时候就需要教师充当建构新文化语境的工具。教师需要了解学生在自主学习中遇到的问题，帮助学生顺利理解所学的知识与材料。

（四）把握阅读教学关键原则

受中国应试教育的影响，阅读教学与其他教学一样，教师将更多的关注点放在教学检测结果之上，而阅读理解中的理解却被忽视。实际上，成功完成阅读的关键就在于完善与监控阅读理解。为了能够让学生学会理解，可以从学生的自我检测入手，并鼓励他们同教师探讨具体的理解策略，这是元认知与认知过程的紧密结合。

例如，教师不应该在学生阅读完一篇文章之后，提问学生关于理解的问题，而是应该为学生示范如何进行理解。全体学生一起阅读，并一起探讨，

第五章　自主学习策略导向下的英语读写译教学法创新

这样便于每一位学生理解文章的内容。

三、英语阅读教学方法的创新

（一）发挥网络互动优势

教师可以利用信息技术为学生的英语阅读创建一个平台，让学生充分参与其中，利用这一平台来扩展自己的阅读能力。利用信息技术，教师可以为学生准备丰富的阅读资料，实现阅读资源共享。在教学过程中，教师可以依据教材中的内容为学生建立一个网络阅读资料库，将教材中阅读的重点、难点都上传到网络上，同时为学生补充适当的课外知识，以拓展学生的阅读视野。此外，为了避免学生在阅读学习中出现乏味情绪，教师还可以在学生阅读的资料中添加一些图片、视频、漫画、音乐等，在材料的格式、设计上也可以体现自己的特点，让学生爱上英语阅读。

（二）科学合理地选择阅读材料

显然，学生阅读能力的提高离不开大量的练习，换言之，英语阅读属于一门技巧训练的课程，需要花费大量的时间进行阅读训练。因此，这就要求教师为学生准备科学的阅读材料。在信息技术的帮助下，教师可以为学生找到一些贴近课堂教学内容的阅读材料。在开始上课之前，教师可以为学生布置一些阅读要点，让学生自己上网搜索浏览，这可以在一定程度上培养大学生查询以及获取信息的能力。随后，教师将自己所准备的阅读材料发给学生，让学生通过小组的形式阅读与交流，并分享心得。等到课堂结束的时候，教师可以安排学生对这次阅读活动进行总结，每一位学生都要写出总结报告，然后教师对学生的报告给予口头评价。

（三）课内外与线上、线下有效结合

在高校英语阅读教学中运用混合式教学，英语教师要将课内外教学与线上、线下家教学相融合。首先，在课堂上，主要是教师引导学生对课文展开篇章阅读，使学生能够对阅读技巧与方法加以掌握。其次，在课外的阅读学习中，教师可以为学生布置一些任务，让学生在课下完成，同时要求学生多阅读一些名著与报纸，让学生对文章主旨大意有所了解，从而培养学生的阅读习惯。

（四）科学地进行评估与分类指导

教师除了利用信息技术在课堂上授课之外，还可以利用信息技术对学生的学习成果进行评估。在设计一套合理教学评估方案之前，教师可以利用网络技术搜索与阅读相关的评价理论或内容，进而结合自身所教授的阅读材料中的生词、语法、词汇量、句法等知识来设计评估内容，如此获取的评估结果将可以充分了解学生的阅读水平。同时，教师还可以对学生的评估结果进行线上统计，对学生阅读的时间、阅读的效率也有充分的了解。

总体而言，英语阅读实行混合式教学，有助于提升学生的阅读能力与水平，通过教师的设计，让学生对阅读技巧与方法进行合理的把握，帮助他们养成良好的阅读习惯。

第二节 英语写作教学及其教学法创新

一、英语写作教学知识介绍

在英语技能教学中，写作教学是其重要的一部分。通过写作教学，学生

第五章　自主学习策略导向下的英语读写译教学法创新

能够不断提升自身的写作能力与思维能力，提升自己情感表达的水平，从而促进自身写作学习的动机。但是，英语写作教学也会受到文化因素的影响，因此需要将文化渗透其中。

（一）写作的前期准备

1.找到写作动机

（1）动机的含义

动机是推动人从事某种活动，并朝一个方向前进的内部动力。它是一种内部心理过程，不能直接观察，但是可以通过任务选择、努力程度、活动的坚持性和言语表示等行为进行推断。而写作动机是指驱使写作者投入创作活动的内在动力，具有自发性与自觉性。它可以是为了表达自己的情感，或者是想要与别人分享自己的一些资源，亦或是希望自己的观点获得别人的支持。

（2）写作动机的作用

动机对人类的行为有着非常重要的作用，要想进行写作，先决条件是要产生动机，写作动机一旦发生，就会促进和推动写作行为的进行。具体来说，动机在写作中有以下的作用。

①动机引发写作。一般而言，写作总是有一定目的，是由一定的动机所引起的，没有动机也就没有写作。动机是写作的原动力，它对写作这一活动起着始动作用。动机是需要的动态体现，所以说任何写作都是带有动机的。正是在某种或几种动机的推动下，才促使人们拿起笔，进行写作。

②动机激励写作。动机对写作具有维持和加强作用，强化写作行为以达到目的。不同性质和强度的动机，对写作的激励作用是不同的，动机强比动机弱具有更大的激励作用。动机强度对写作活动的唤起、维持、强化和调节作用影响很大。在写作过程中，动机总是非常顽强地控制着我们按既定目标前进，激励我们完成写作。

（3）写作动机的产生

写作动机是客观事物、社会生活在作者心理上产生的反映和影响，促使作者在客观事物、社会生活的触发和刺激下启动构思,这是启动构思的物质基础和必然性。因此,写作离不开生活的积累。没有生活的积累当然就不会形成写作的积淀意识,更不会触发写作的灵感。写作更离不开知识的积累,我们之所以能写好一篇文章,这与个人的知识内涵是密不可分的。[①]丰富的生活经验和广博的知识,不仅给作者提供了大量的写作信息,还可以激发作者的写作欲望,充分调动作者的创造力和想象力,使文章写得更充实,更准确,更生动,更优美。

①满足本能意志的需求。人总是天生地热衷于主动寻求问题、发现矛盾,并试图加以解决,以期达到一种内在的平衡,这是一种有利于种族保存的本能意志。这种本能意志的外在表现就是人人都有一种天然的好奇心,天生喜欢面临挑战,并追求最后的成功。本能意志是促使一个人投入写作活动的最基本和最原始的动因,也是一切其他写作动因的源泉所在。这具体表现为他们始终都保持着一种纯天然的、儿童般的强烈的好奇心和自然而广泛的兴趣爱好,使得他们所从事的许多研究很少带有功利的性质。

②受到情绪情感的激发。当一个人被外界事物所深深感动时,就会产生对人生价值的执着追求,就会极大地激发起创作的热情和欲望,使得他不可能对眼前的问题熟视无睹,漠不关心,就会产生一种强烈的创作冲动,形成一种极其敏锐、活跃的创作心境,推动着作家进入创作过程,对作品加以构思和布局。

③受到客观事物的影响。文章是客观事物的反映,客观事物会影响到作者的写作动机。在客观事物的影响下,作者头脑中的情感思想材料在某一瞬间、围绕某一点,终于找到了着力点,从而产生了写作冲动。客观事物就成为了启动构思的契机,原因在于它们与主体内在世界的呼应,看似偶然的触发,在创造主体心灵中却有着积蓄已久、不得不发的必然性。因此,客观事物不仅是写作的材料源泉,而且是写作动机产生的必要条件。

(4)培养正确的写作动机

写作是一种个人行为,同时也是一种社会行为。因此,我们应从社会和

---

① 姜涛.英语写作教学理论与实践[M].长春:吉林出版集团有限责任公司,2009.

第五章 自主学习策略导向下的英语读写译教学法创新

个人两个方面去考察写作动机应具备的品格,从而培养正确的写作动机。

其一,社会方面。写作总是在一定的范围内,对社会产生影响。一个有道义感和社会责任感的作者,总是努力使自己的作品对社会的发展和进步起到推动作用。他总是紧随时代,贴近民众,不懈地追求着真善美。只有这样的作者才会被社会接纳,受大众信赖。所以,要想成为一个有作为的作者,就必须时刻关注社会的发展,了解社会的需要,自觉地把社会的需要转化成自己的需要,把社会动机转化为个人动机。

其二,个人方面。写作又是一种个别劳动,每一个作者都必须对写作有一个正确的认识。写作是生活中不可缺少的一部分,我们必须像对待生活一样真诚地对待写作。不要把它看作闲来无事的无谓消遣和吟弄风月的把戏。将写作看成一种切己的需要,把这种切己的需要变成写作的动机。一个人,无论他从事什么职业,担任什么职务,经济情况社会地位如何,他所创造的业绩、思想上的成果,最终都体现在写作上。

2.使用计划策略

写作过程就好比是足球教练在比赛前针对对方球队的特点与出场情况提出对策。不论是完成创作,还是为了应付任务,写作者都应该有一个一般的"对策"。成功的写作者并不只是听课、做笔记和等待他人布置测查的材料。他们会预测完成写作需要多长时间,在写作前获取相关信息,以及使用其他各种方法。换句话说,成功的写作者是一个积极的而不是被动的写作者。所以在写作时,作者要学会使用一些策略去评估自己的理解、预估写作时间、选择有效的计划来学习解决问题。此外,写作者还要能预测可能会发生什么,或者能说出什么是明智的,什么不是明智的。因此,要确保写出合格的文章,就应该事先做好充分的准备、周详的计划、合理的研究及适当的提问。[1]

3.构建探索性问题

开始写作过程最有效的方法之一是构建问题。探索性问题具有探询性,

---

[1] 姜涛.英语写作教学理论与实践[M].长春:吉林出版集团有限责任公司,2009.

可以表达作者的异议（dissonance），这种异议性说明作者会在写作过程中有新的认识。因此，对于思考问题和写作的关系也应有一个深入的认识。只有在思考问题中，随着感受的加深、领悟的增多，写作能力才能渐渐提高。思而不写，可有收获，写而不思，所获无多。写的主要价值在于促进思考。有了某种感受、某种认识，要想把它写出来，必须使之清晰化、程序化，才能用语言加以表达，在这一过程中，要进行大量的思考，并在思考过程中，提出探索性问题，使写作内容更细致、更缜密、更深入、更完整，使组织更合理、更艺术，使表达更准确、更有效。[①]

好的探索性问题有以下特点：

①是以前不知道如何回答的问题。例如：

What has happened to punk music?

②是开放式的问题，不应只是被"是"或"否"回答。例如：

Why is hip-hop so popular?

③要表达作者知识、价值观和理解方面的异议。例如：

Why is voter turnout so low in my hometown?

Why am I uncomfortable with genetic theories of intelligence?

4.理解修辞环境

修辞是需要修辞环境的，而这个环境也就是语境。如何结合上下文使修辞环境更适合所用修辞是一门学问。因为修辞分为抽象和具体两种，也就是所谓的消极和积极修辞。消极修辞需要准确、没有异议的修辞语境。积极修辞则需要能够感悟、体会的修辞语境，让人感觉身临其境。修辞环境是交际的框架，在课堂中说的话与参加朋友聚会时说的话通常不同，因为所面对的人、所处的地点和所发生的事都不尽相同，写私人信件和试验报告也一定不同，因为目标读者不同。

为了理解写作的修辞环境，必须明确理解写作目的、写作形式、作者和读者的角色，以及语气。

---

① 姜涛.英语写作教学理论与实践[M].长春：吉林出版集团有限责任公司，2009.

第五章　自主学习策略导向下的英语读写译教学法创新

（1）写作目的

写作目的是一个人对社会与人生的一种认识的升华，如同内心的一面镜子，照映着自己，能感觉到自己还是个有心的人。当你准备写作时，要明确文章的写作目的，大多数文章都试图达到这样三种目的：自我表达（self expression），说明（exposition）和劝说（persuasion）。自我表达的文章表明作者的经历、态度和感受，像日记、回忆录、私人信件都属于此类，当作者被要求写一个关于个人主题的文章时通常采用自我表达式的方式。比如：

Today I got a rejection letter from MSRA, and I decline the offer from Telenav which I got one week ago. To decline and to be declined both make me unhappy. But I must take it easy and get more patience to prepare for my chance coming. I will stay here until I find new satisfying job. Today Hong told me make little ts which carries information that he needs. I think it looks a bit like to embed ts with cue message of SCTE35, but easier. Last night I spend more than 2 hours trying to insert some packets into ts, but it seems to work not very well, for I'm still unfamiliar with the transport standard of MPEG2. I must dive into it in this month and show them my ability.

说明指当作者关注某一主题，想要描述或阐释它时，他的目的就是说明。在写作的很多文章中都包含这个目的，说明也仅仅限于学术写作，它在不同修辞环境中起重要的作用，主要是为读者分析某种社会问题或现象的成因、现况和建议解决方案。比如：

There are basic differences between large and small enterprises. In a small enterprise, you operated mainly through personal contacts. In a large enterprise, you have established "policies", "channels" of organization, and fairly strict procedure. In the small enterprise you have immediate effectiveness in a very small area. You can see the effect of your work and of your decisions ground. In the large organization you are normally taught one thing thoroughly. In the small one the danger is of becoming a Jack-of-all-trades-but- master-of-none. In the large it is of becoming the man who knows more and more about less and less.

劝说指当作者通过写作而促使读者在某些方面做出改变的话,他的目的就是劝说。劝说可以被看成是一个连续的过程,两端分别是唤起意识(creating awareness)和促使行动(provoking an action)。

以劝说为目的的文章是要唤起人们对某一问题的意识。假设作者想让他的工会帮助附近小学募捐。首先,要让每个工会成员了解学校确实需要资助,而且大家也有义务去这么做。一旦唤起了人们的这种意识,就需要改变他们的态度,比如,有的人会认为学校本身有足够的资金这类想法等。当大多数人被说服并已经确信,还要让他们采取行动。下面是一封写给当地报刊编辑的一封信,作者的目的是要改变人们认为参观国家公园必须付费的观念。①

Charging entrance fees to national parks undermines the very principle on which these parks were developed. The lands secured for these parks were deemed to be national treasures that should be shared by all. The national parks system was designed to allow equal access. People understood that their tax dollars paid for and preserved these parks, and, in turn, they felt a sense of responsibility for protecting these national treasures. Charging people for entering the park undermines not only the concept of equal access but also this sense of pubic responsibility. Those who pay to enter may decide that they want more for their money, which will lead only to more commercial development. Only a generation age, many national parks were surrounded by relatively undeveloped properties. Today, these parks are surrounded by water rides, outlet malls, and motels with huge signs flashing their lowest rates. The parks themselves have admitted more concessionaires with kiddies rides and cheap souvenirs. Charging entrance fees further blurs the boundary between national parks and amusement parks.

---

① 姜涛. 英语写作教学理论与实践[M]. 长春:吉林出版集团有限责任公司,2009.

第五章　自主学习策略导向下的英语读写译教学法创新

很多文章都不只会有一个目的，所以要使各个目的相互平衡。比如，要改变那些认为学校有足够资金的人的想法，就要同时使用劝说和说明。因为可能需要对当地税收体系进行阐释说明以便使人们确信学校确实需要帮助。平衡各种目的的关键是要把握好各个目的所占的比例。如果写一个两千字左右的关于上述为学校募捐的事件的文章，而仅仅去解释说明当地税收体系对学校的影响，那就很难成功。这个事例中，阐释税收体制只能作为劝说工会募捐的一种手段。

（2）写作形式

我们通常用类型这个词来描述一个具体的写作形式，一些常见的类型有学术文章、科研论文、正式信函、私人信件、电子邮件和正式报告等等。在不同的情况下，我们需要选择不同文章类型，生日礼物需要使用个人祝福或感谢的话语形式。科学试验则应采用正式的试验报告。理解文章的类型所适用的修辞环境会提高写作的有效性，不断从多个维度、多个层面上，凭借写作渠道的多向发掘、写作内容的多维获取、写作思维的多元发散、写作形式的自主选择、写作评价的动态立体、写作文品的多级交流，形成一个完整、流畅、开放、大气的"运行链"，以确保写作能力与素养的全面提升，进而为写作创新能力夯实基础。

（3）作者和读者的角色

写作是运用语言文字表达思想、交流情感的重要方式。从某种意义上说，写作的实质就是对话：原我与超我的对话、生命与世界的对话、作者与读者的对话。在我们看不见的地方，作者通过文字与读者进行超越时空的心灵的对话与交融。在修辞环境中要了解读者，一个好的作者通常都时刻考虑读者，一旦确定了写作目的和主题，作者会以读者的角度给出材料，并对内容结构做出选择。读者可能是个体或群体，也可能是专业人士或一般大众。

在传统的写作观点中，读者被赋予了从属者的角色，他的任务就是从作品中去发现文本的意义。随着以读者为中心的观点的出现，读者的角色转换为类似作者的角色，对文本可以进行创造性的阐释，读者可以进行推理以获得作者的意图。在修辞环境中作者和读者都有各自的角色，了解自己作为作者的角色和读者的角色有助于更好的完成写作。具体有如下几种角色关系：

作者与读者是平等关系。两者都有相似的知识和经历，没有谁比谁更权威。作者了解读者的阅读需求，尊重读者的阅读选择，能和读者平等相待。这种角色关系很有利于作者表达个人感情，典型的形式是个人信件和电子邮件，在语言上通常是非正式的。①

作者作为初学者，读者作为专家，很多的写作都属于此类。学生作为初学者要获取知识，对读者心存敬意，遵照写作任务的要求，并仔细修改校读，最后上交自己的文章。

其他角色关系。有时作者和读者的角色属于不同范畴，尤其当他们处在不同地位或拥有不同权利时，要尊重读者，恰当地说清楚自己要表达的信息，不要过于冒失自负。

（4）语气

人类的语言都承载着一定的语气。比如，在拒绝客人时，使用否定句的影响是强烈的，会给客人留下不愉快的印象。切记不要直接向客人说"不"，要使用委婉的语句。试比较以下两个句子：

"请不要在这儿吸烟！"

"对不起，这儿是不能抽烟的！"

这两句话，表达的内容虽然相同，但后者的语气显得更柔和，更礼貌一些。尽管文字是静态无声的，但作者对话题和读者的态度决定他所用的语气。语气可以是严肃认真的，也可以是活泼幽默的；可以是平心静气的，也可以是激情澎湃的；可以是命令式的，也可以是请求式的，或是讽刺反语的。

如果在不熟悉的修辞环境中进行写作，可以找一篇与所要写作种类相同的范文或样品，分析样品文章中的写作目的、作者和读者的角色以及语气。例如，商业英语写作的语气就与文学的写作不相同，商业英语的写作比较注重使用尊重的语气、中正的词语、正规的文体和简短的篇章，它有别于丰富多彩、自由烂漫、讽刺辛辣、戏谑狡辩、夸张幽默的文学家的笔调，讲究的是得体贴切、简洁有力、明了清晰的表达方式。因此，要合理运用并控制文

---

① 姜涛.英语写作教学理论与实践[M].长春：吉林出版集团有限责任公司，2009.

第五章 自主学习策略导向下的英语读写译教学法创新

章的语气。[①]

5.提出话题

所谓话题，就是谈话的中心。在进行写作活动之前，要先提出一个话题，用以指定写作的范围，然后根据话题的指向性来自拟题目进行写作。自拟题目可以从以下几个方面考虑去选择话题：将自己的专业知识或自身所擅长的技能讲述给他人听；在自己所处的文化背景中寻找话题；选择最让自己感动的事，[②]比如，第一次演讲、参观文明古迹等；选择那些自己想要了解和学习的话题，比如，电脑程序编辑，以现在所学的专业今后会从事哪些事业等；可以上网搜寻话题，利用网上的搜索目录寻找自己感兴趣的事。

确定了话题以后，就要开始寻找与话题相关的素材，对话题进行各个方面的探索，这是一种开拓性的创作活动，并以新的视角和思路重新审视它们会有新的收获。下面是一些有效的关于展开话题的策略。

（1）头脑风暴

头脑风暴是由美国奥斯提出的，是一种激发集体智慧和创新设想的思维方法。它被广泛用于创造性思维活动之中，其目的是激发一些新奇问题中许多可能的思想或解决问题的方法。头脑风暴法的核心是人的创造性想象力。头脑风暴法是为了克服阻碍产生创造性方案的一种相对简单的方法。它利用一种思想产生过程，鼓励提出任何种类的方案设计思想，同时禁止对各种方案的任何批评。用头脑风暴寻找新的素材是一个激发想法和产生信息的好方法。简单地说，就是列出所有与话题有关的内容，可以由一个想法自由联想到另一个想法。因此，所列的顺序并不重要，要让思维围绕话题扩展。要把所想到的全部都记录下来，因为我们不可能知道哪一个信息过后会变得很有价值。要快速记录，如果停顿了，可以重读已写的信息，这样会有新的思路，运用头脑风暴策略进行写作的时间至少要多于5分钟。"头脑风暴法"在写作教学中的应用有助于激励学生有创意地写作，使学生思维高度活跃，打

---

① 姜涛.英语写作教学理论与实践[M].长春：吉林出版集团有限责任公司，2009.
② 同上。

破常规的思维方式而产生大量创造性设想，促使学生在讨论过程中不断产生新观点。当学生认为已经把有关这个话题的观点都想到了时，就可以编辑清单的内容，形成一个初始提纲，将其融入写作当中。[①]

（2）分枝法

分枝法就是将话题进行分解，是组织思维和探索发现的过程，就像一个树干会有很多分出的枝杈一样。分枝法主张用一个词或短语作为树干，通过对一系列相关信息的联想，发展其分支信息，以话题为关键词向外辐射。它是一个由一般到具体的过程。分枝法会让作者的思维畅游于话题的每个细节，当到达某个小枝节的尽头时，可以重新回来再发展一条新的分枝。分枝法所进行的话题分解包括宏观分解和微观分解两种类型。

①宏观分解。

从话题的意义、作用、价值的角度拓展思路。

从话题的对象、领域的角度拓展思路。

从方法、手段的角度去拓展思路。

从话题本身的内涵、定义的角度去拓展思路。

值得指出的是，由于目前写作教学的程式化、套路化，不少学生已习惯将分论点组织成统一的句式，并且一概放在段首，结果使许多作文面孔千篇一律。在实际写作过程中，只要做到心中有数即可，具体的语言形式和表达方法不必强求一致。这样，文章才能显得既思路清晰，又活泼多变。

②微观分解。

它凭借分解出来的若干子话题，上可以支撑基本话题，下可以统率各类材料，犹如文章的骨骼。而微观分解是从宏观分解派生出来的，它往往用来支撑子话题或中心句，或者充实段落的内容，犹如文章的血肉，似乎称为"子句"更为恰切。

（3）环环相扣法

环环相扣法即作者的想法像圆环一样，一环扣一环发展下去。比如，在探索话题相关素材中，作者对哪一点感兴趣，就可以针对这一点展开探索和

[①] 姜涛. 英语写作教学理论与实践[M]. 长春：吉林出版集团有限责任公司，2009.

第五章 自主学习策略导向下的英语读写译教学法创新

创作，这就是一环。如果作者在这一环探索中又发现了新的感兴趣的信息，可以再对这个新的信息进行开拓和创作，这就是新的一环。这样一环扣一环，环环相扣地发展下去会极大地丰富写作的素材和想法。环环相扣的最大特点就是：不用明显的语言标志来连缀全文，而通过文章的内在逻辑关系构思全文结构。[①]但文章结构链上的每一个环节，关系必须十分紧密，不能有任何的不协调。这种形式特别适用于哲理思辨类文章。

（4）三视角法

在进行写作时，如果从以下三个角度来审视主题，就会取得新的收获。

①从语境角度考虑主题。

怎样对不熟悉的人描述主题？它的区别性特征是什么？

与主题有关的最重要的人是谁？他又起了什么作用？

与主题相关的地点在哪里？它们有什么意义？

②从时间角度考虑主题。

作者对自己所写的主题的历史了解多少？它们怎样随时间演变的？在哪儿能了解它们的历史？

作者和主题相关的个人经历是什么？

是否有与主题相关的因果联系？

作者期望话题在未来会有什么变化？

③从与其他主题的关系角度考虑。

可以将主题置于哪些不同的类别？

怎样与同类主题进行比较和对比？

能否对主题进行类比？

（5）戏剧提问法

对话题进行提问并写出答案可以帮助学生客观地看待这个话题，或发现新的可能性，也可以为观点的展开提供思路。戏剧提问法通常由6个基本问题组成：发生了什么事？（What happened?）——指行动（the action）；都

---

① 姜涛. 英语写作教学理论与实践[M]. 长春：吉林出版集团有限责任公司，2009.

有谁？（Who was involved？）——指行动者、参与者（agents, spectators, and anyone else affected by it）；什么时间和地点发生的？（When and where did it happen？）——指背景环境（the setting）；怎样发生的？（How did it happen？）——指方式方法（the method）；为什么会发生？（Why did it happen？）——指原因或动机（the cause or motive）；有什么影响？（what effect did it have？）指结果（the consequence）。

（6）随笔

随笔是一种散文体裁，篇幅短小，表现形式灵活自由，可以抒情，可以叙事，也可以评论。随笔也就是作者对人生、自然、社会、世情、艺术等具有独特的心灵感悟所做的美妙而艺术的文字倾述，篇幅小而思想艺术高，行文巧妙。

随笔这类文章，一般是讲述文化知识，发表学术观点，或者评析世态人情，启人心智，引人深思。在写法上，它们往往旁征博引，而不做理论性太强的阐释，行文缜密而不失活泼，结构自由而不失谨严，因此，富有"理趣"是它们的突出特色。很多作家都有写随笔的习惯，在其中记录他们的所见所闻，这些都是日后写作的宝贵资源。[①] 在随笔中也可以写一些所关心的问题或话题，并把它们列成表以便日后使用。

写随笔可以与自由写作（free writing）很好地联系起来，关于一个话题可以不间断地自由写作5到10分钟，这样可以发现新的想法、材料、策略和话题等等。

上述的这些展开话题的策略都是根据作者头脑中已知的信息而进行创作的，还有其他的一些方法和策略。比如，与他人分享观点，这样会有很多新的想法产生。另外，大量的调查研究以及大量阅读等都有益于创作。

6.确定主题

一般来说，在写作目的中已经明确了所写的方向，而后在主题句中要清楚地表明要对读者说的是什么。主题句要表述明确，如果有能力的话尽量控

[①] 姜涛.英语写作教学理论与实践[M].长春：吉林出版集团有限责任公司，2009.

第五章　自主学习策略导向下的英语读写译教学法创新

制在一句中。清楚明了的主题句会使读者准确理解文章所要表达的意义，而模糊不清的主题句则使人疑惑不解。所以主题句必须有明确的观点。看看下面的例子：

As an opinion

College is not for everyone.

As an observation

My high school education was a waste of time.

As a suggestion

Computer literacy should be a requirement for all under-graduates.

As an attitude

I want my life to be better than that of my parents.

As a question

What is friendship?

（1）主题与文章框架结构

读者通常会有意识或无意识地在文章的前两段中寻找主题。除非他们已经了解文章的主题，否则有可能不会明白文章所要表达的意思。请试着读下面这段话，只读一次。

His job is not to punish, but to heal. Most students are bad writers, but the more serious the injuries, the more confusing the symptoms, the greater the need for effective diagnostic work. When an accident victim is carried into the hospital emergency ward, the doctor does not start treating the patient at the top and slowly work down without a sense of priority, spending a great deal of time on the black eye before he gets to the punctured lung. Yet that is exactly what the English teacher too often does. The doctor looks for the most vital problem, he wants to keep the patient alive, and he goes to work on the critical injury.

这段话的主题是什么？能在读过一次后讲清楚吗？能用自己的话复述一下吗？没有主题，就没有框架结构去把握和理解文章的意义。因为不知道在读文章时要寻找什么，也不可能分出哪些细节更重要，是将重点置于医生、医院、学生，还是英语老师身上？没有主题句提供的文章结构框架的主线，故事重点就无法讲清楚。如果在刚才的那段文字上加上一个主题句"The writing teacher must be not a judge, but a physician"，段落的意义就变得清楚了。

在大多数文章的结构框架中（图5-2），主题句控制着文章的各个部分，而各个部分段落又从不同的角度支撑着文章主题。

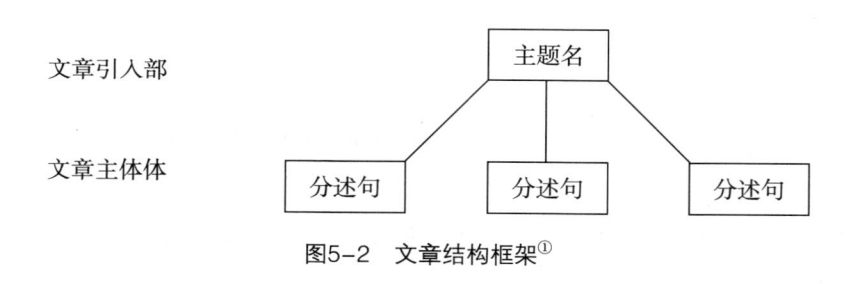

图5-2 文章结构框架①

主题句是文章的统领，是最重要的部分，它掌控着每个分述部分。分述句都是对主题的支撑和佐证。有的作者会在主题句中加入背景介绍。比如，"Beef Cost and the Cattle Rancher"的主题句：

Because of rising costs, unpredictable weather, and long hours, many cattle ranchers have trouble staying in business.

也可以省略背景介绍：

Cattle ranchers' biggest challenge is survival for their business.

初学者通常会发现使用背景介绍有助于扩展自己的文章。只要能用主题句准确清楚地表明自己的立场，使用何种方式是因人而异的。

（2）从写作目的到主题句

从写作目的中提取出文章的主题，这样你才能清楚的让读者明白你要表达的意义。要记住写作目的是写作过程中预写、准备和探索的阶段。要想概括段落的中心思想，反映作者的写作意图，我们必须借助一个概括性的句子，即主题句，它是段落的核心所在。所以，写好一个段落的前提便是写好

---

① 姜涛.英语写作教学理论与实践[M].长春：吉林出版集团有限责任公司，2009.

第五章　自主学习策略导向下的英语读写译教学法创新

主题句。

主题句是英文写作的一个特点，它是英文段落中的核心思想。主题句的位置比较灵活，但也有其各自的特点和功用。针对不同的文体，主题句位置也不同，主题句能更好地为全文思想发展服务。

（3）评价主题

不论写什么样体裁的作文，都要有一个主题。所谓主题，就是创作主体通过所写的内容来表达意念、感受、情感和情趣等，也就是作者经过对生活的观察、体验、分析、研究，并通过对材料的提炼而得出的思想结晶。主题立意是否正确、新颖、高远、深刻，直接关系到作文成败。那么如何使主题更加明确深刻呢？

首先在选材上要摒弃老套的思路，开拓新的视野，并且要善于从日常的生活小事中发现具有丰富内涵的材料。

其次主题要表达一种感觉、观察、建议、意见或是疑问，它应具有新意，这样对读者来说才具有某种价值或重要性。

最后主题观点要有意义，一个没有新意的主题是没有意义的。没有意义的主题句通常是一篇毫无价值的文章的序曲，而有新意的主题句则会驱使整篇文章不断发展，像火花一样点亮读者的视野。所以主题要具有对科学文化深度和广度的认识，这就要求作者的思想认识和修养有一定高度，这样的主题可以说达到了充满文化色彩的层次。[①]

做好了前面的准备后，可以着手起草文章了，但在写初稿之前要先回答下面的几个问题：

How do I begin the essay?

What does my reader need to know first?

What comes after that?

How many words does the essay need?

Did I forget anything?

How should the essay end?

[①] 姜涛. 英语写作教学理论与实践[M]. 长春：吉林出版集团有限责任公司，2009.

（二）英语写作教学中存在的问题

写作的过程是非常复杂的，其需要复杂的思维，并受到知识、技能、风格、内容、结构等多个层面的影响和制约。如果要想写出一部完美的作品，首先需要保证风格的统一与结构的完整。需要指出的是，写作并不简单从视觉教学编写，而是一个对各类问题与信息展开加工的过程。一般来说，写作的目的也是非常明确的。根据写作目的的不同，写作有论文、报告等多种形式。

通过写作，可以实现如下两大功能。首先是为了学习语言而展开写作。通过写作，学生可以对自己所学的词汇、语法、语篇知识加以巩固。其次是为了写作而展开写作。因为通过写作，学生可以将自身的观点表达出来，从而锻炼自身的手和脑，强化自身的写作学习，提升自身的写作能力。

简单来说，英语写作是运用书面形式传达思想与情感的。但是，语言与文化关系密切，是否能够准确地理解文化对写作有着直接的影响。汉语往往呈现整体性与象征性，而英语呈现的是逻辑性与明确性，因此在写作时，学生切不可用汉语的思维展开英语写作，这样写出的文章很难让人理解。词汇与文化有着密切的关系，且是语言中最为弹性与活跃的部分，是文化负荷量最大的部分。因此，要想对英语词汇有真正的了解，就需要明确词汇的文化内涵。英汉语属于不同的词汇体系，词汇含义不可能是完全对应的。有的学生认为，只要掌握了一定的词汇量，那么就可以凭借常识与习惯去了解不同的文化。当然，英汉语中存在一些耦合的现象，但是耦合的并不多。如果仅仅从自身经验与文化立场出发，恐怕很难了解英语中的一些惯用法。

1.教学方法陈旧

受学时以及应试教育的影响，在英语写作教学中，教师仍旧采用传统的教学方式展开教学，即在课堂上为学生提供各种类型的范本，为学生讲解范本，要求学生进行模仿并完成课后写作任务，教师进行评改。这种教学方法的重点在于写作结果，忽视了师生之间的交流，也忽视了学生兴趣的培养。这样可能导致的结果就是学生丧失了学习兴趣和学习动机。

第五章　自主学习策略导向下的英语读写译教学法创新

另外，模仿是学生的一个必经阶段，却不是最终的阶段，只有完成创造性的写作才是最终的目的。事实上，创造不仅是一个过程，也是一个结果，如果没有创造性，那么这样的写作也毫无意义。因此，在英语写作教学中，教师需要与学生进行沟通，培养学生的学习兴趣和积极性，并灵活采用多种方法展开写作。

2.重形式，轻过程

很多人指出，英语写作中应该注重形式，并认为这是必然的，因此导致英语写作教学中对于句子规范性和文章结构非常重视。甚至有时候，教师为了让学生快速写出一篇文章，往往会让学生对类似的文章进行模仿。这样下去导致教师和学生都将形式视作写作教与学的重点，忽视了写作的过程与内容。这样的写作仅仅是一种模仿，而不是创造，是流于形式的写作，很少能够触及写作的核心。

3.教与学相互颠倒

写作教与学相互颠倒主要有如下两点表现。

第一，写作是一个极富实践性的课程，因此写作应该以学生的操练为主，以教师的教授为辅。在实际的写作教学中，教师往往花费大量的时间对词句进行讲解，只给学生留下少数的时间进行写作，这样实际是对教学内容主次的颠倒，对学生写作能力的提升是非常不利的。

第二，写作是一种学生个体的活动，尤其是从构思到写作到修改。在英语写作教学中，教师讲解过多而耽误了学生的写作实践时间，也会导致学生丧失写作的积极性。

4.忽视文化差异问题

文化因素对于英语写作教学有着重要影响，并且导致学生在写作中会遇到一些问题。首先，由于英汉思维方式的不同，英语重视形式，而汉语重视意义，这就导致学生在谋篇布局上出现困难。其次，由于英汉语属于不同的语系，有些词语含义是不对等的，这就导致学生容易出现用词的困境。

（三）英语写作教学中的障碍

1.词汇层面

词汇与文化有着密切的关系，且是语言中最为弹性与活跃的部分，是文化负荷量最大的部分。因此，要想对英语词汇有真正的了解，就需要明确词汇的文化内涵。英汉语属于不同的词汇体系，词汇含义不可能是完全对应的。有的学生认为，只要掌握了一定的词汇量，那么就可以凭借常识与习惯去了解不同的文化。当然，英汉语中存在一些耦合的现象，但是耦合的并不多。如果仅仅从自身经验与文化立场出发，恐怕很难了解英语中的一些惯用法。

2.句子结构与段落篇章层面

除了词汇，文化因素也会对句子结构与段落篇章产生影响。在句子结构上，英语思维是先直接传达重要信息，然后再传达次要信息。尤其是表达复杂的思想时，英语习惯开门见山，先把叙述的重点放在开头，然后再运用各种手段展开分述。在西方人观念中，文章是否连贯取决于连词的使用是否符合逻辑。但是汉语中连词很少，句子与句子的逻辑是通过内容体现的。

在段落布局上，中西方思维出现了螺旋式与直线式的差别。英语直线型的思维要求开篇点题，一般会在首句点出主题，每一段的主题句与文章主题相呼应。之后每一段的具体内容与整个段落的首句呼应。但是相比之下，汉语往往采用螺旋式的思维，即先进行渲染，然后在结尾点出主题。

（四）英语写作教学的常见方法

1.重视文化知识积累

在跨文化转型背景下，英语写作教学应该重视让学生积累丰富的文化知识，摆脱汉语负迁移作用对学生英语写作的影响。在日常的写作中，如果学生遇到困难的句子，他们往往会选择用汉语思维对句子进行组织，因此产生

第五章　自主学习策略导向下的英语读写译教学法创新

了明显的语言错位,这就是受汉语负迁移作用的影响导致的。

因此,在英语写作教学中,教师除了要对学生的词汇、语法等语言知识进行训练,还需要训练他们的文化知识,避免学生在写作中出现语言负迁移的现象。同时,教师应该鼓励学生多进行阅读,让他们在阅读中挖掘文化知识,从而对自己的语言进行充实,写出一篇得体的文章。

2.运用语块教学模式

如前所述,受语言负迁移作用的影响,学生习惯用汉语思维来对文章进行组织,这样很容易出现各种错误,如中式英语等。因此,在跨文化转型背景下,教师可以采用语块教学法展开写作教学。

根据语块教学法,母语使用者之所以能够表达顺畅,是因为他们在脑海中会存储一些各种情境下的语块,而不是某一个词。在发话或者写作中,他们可以调用这些语块,无须进行排列加工。这样的语言输出才更有速度与质量。同样,将这一理论运用到写作教学中就是要求教师应该对学生加强语块训练,让学生脑海中形成整体的语言知识,以语块来组织写作练习,这样写出来的文章才具有整体性与格局性。

二、英语写作教学创新的原则

(一)恰当性原则

英语写作教学的恰当性是指写作任务的设计应该恰当。具体来说,写作任务需要具备如下两点特征。

一是能够激发学生思想交流的需求,使学生有内容进行写作。

二是对于学生语言能力提升有帮助,如增加词汇量、学习新句型等。

这两点虽然是作者对写作方法的要求,但是也是对写作任务的设计要求。具体来说,如果教师要想设计出一个好的写作任务,那么就需要与学生的实际相符,让学生有充足的内容与经验展开写作。同时,还需要符合学生实际的语言能力，这样才能完成写作，将理论知识运用到具体的实践之中。

（二）多样性原则

英语写作教学中需要坚持多样性原则，主要体现在训练方式与表达方式上。

从训练方式上说，教师应该采用多样化的方式，如可以通过扩写、仿写等办法训练学生的写作能力，同时应该把握好每一种方法的优缺点，让学生在多种方法下掌握适合自己的方法。

从表达方式上说，教师应该引导学生在写作中运用多种表达方式，这样的写作才是灵活的写作。这不仅可以对学生写作中的问题加以弥补，还可以提升学生的灵活运用技巧。这样写出来的文章才能更引起读者的注意。

三、英语写作教学方法的创新

写作活动伴随着人类文明的产生和发展而存在。写作是听、说、读、写四项基本交际技能之一。过去30年，在认识论、信息论、控制论以及各种语言学理论和教学法的冲击下，英语写作教学的专家们针对写作教学进行了许多探讨，从而指导课堂教学活动。

（一）倡导学生运用信息技术支持英文写作

教师利用信息技术进行英语写作教学可以打破时空限制，实现写作资源的合理共享，并且充分补充英语教学资源。教师在英语写作教学中融合信息技术，可以让学生在网上搜索相关写作内容，并且对所搜索的内容进行整理与分析，把得出的结论最终应用到自己的写作内容中，顺利完成写作任务。

现代高校大学生都熟悉网络，每天都利用手机上网，对此，教师可以利

第五章 自主学习策略导向下的英语读写译教学法创新

用网络资源为学生增加写作的机会，充分激发学生对英语写作的兴趣，并在学生进行写作的过程中给予充分指导，形成一种和谐、融洽的交流氛围。

（二）利用计算机文字处理程序辅助英语写作，代替原有写作形式

当前，随着计算机技术的快速发展，人们可以利用计算机完成很多工作。在写作练习的过程中，学生也可以利用计算机快捷、方便的特点来完成写作任务，计算机中都带有对写作中的标点、大写、小写、拼写等问题进行检测的功能，那么学生就可以利用这些工具来检测自己所完成作文中的错误并进行改正。

其中，拼写、语法功能可以有效减少学生作文中的拼写、语法错误，编辑功能还可以帮助学生完善段落之间的连接、组织、转移等要求。此外，计算机还带有词典，学生可以利用这一功能迅速找到自己想要使用的词，或者检查自己所使用的词语正确与否。

计算机文字处理程序的功能在一定程度上减少了写作的重复劳动，省下了很多时间，因此学生能够花费更多精力在写作上，增强了他们对写作的兴趣和积极性。

（三）利用微信、QQ辅助英语写作教学，加强师生间、生生间的交流

微信、QQ可以成为英语教师教授写作课程的助手，帮助教师加强与学生之间的沟通与交流。在写作过程中，学生可以将自己完成的作文通过微信、QQ发给教师，教师在批改完成之后，再利用微信、QQ发给学生。学生对于教师批改的作文进行修改与总结，最终形成一篇优秀的作文。此外，教师可以鼓励学生利用微信、QQ等交流工具与他人进行英语交流，尤其是与英语母语使用者进行交流，这可以有效帮助学生提升自身的英语运用能力。经过一段时间沟通，学生可以将自己的交流心得写成作文，可以写生活、学习、旅游、家庭、爱好等各个方面的主题作文，从而提升自身的英语写作水平。

第三节　英语翻译教学及其教学法创新

一、英语翻译教学知识介绍

（一）翻译教学的内涵

目前学界对翻译教学的内涵仍然存在较大争议。学者们对于翻译教学的范畴及翻译教学与教学翻译的区别并未达成共识。加拿大著名学者让·德利尔（Jean Delisle，1988）曾经对教学翻译（pedagogical translation）与翻译教学（pedagogy of translation）做过明确的区分。

让·德利尔指出："学校翻译也称'教学翻译'，是为了学习某种语言或者在高水平中运用这种语言与深入了解这种语言的问题而采用的一种方法。学校翻译仅为一种教学方法。翻译教学追求的目标与学校翻译不同，翻译教学不是为了掌握语言结构与丰富语言知识，也不是为了提高外语的水平。纯正的翻译目的是翻译自身的成果，而教学翻译的目的仅是为了考核学校外语学习的成果。"

近些年中国学者的研究有了一些新的突破。罗选民认为，学者对教学翻译与翻译教学的阐述有利于对概念的澄清，但翻译教学的概念要重新界定。翻译教学是由"翻译教学"与"专业翻译教学"组成的，将原来公认的教学翻译纳入了翻译教学的范畴，扩大了翻译教学的范围。

（二）英语翻译教学中的障碍

1.风俗习惯层面

中西文化差异在风俗习惯上有着显著的体现，而风俗习惯的差异对翻译也有着很大的影响。例如，在饮食方面，中西方就有着显著的差异。中国人

第五章　自主学习策略导向下的英语读写译教学法创新

对饮食向来十分注重，俗话说"民以食为天"，中国人不仅讲究吃，而且追求美味，将美味作为评价食物的最高标准。而西方人在饮食上非常注重营养，往往以营养作为饮食的最高标准。在西方人的饮食观念中，维系生命，保持身体健康，是饮食的主要目的，饮食并不是为了享乐。

2.思维方式层面

中西方的思维方式存在明显的差异，这在语言上有明显体现，因此必然会对翻译产生重要影响。例如，对于同一事物，由于思维方式不同，语言表达也不同，如"红茶"与"black tea"相对应，"红糖"与"brown sugar"相对应。如果将"红茶"翻译成"red tea"，将"红糖"翻译成"red sugar"，必然会闹出笑话。

3.词义意象层面

语境不同，词汇的联想意义也不同。例如，"black holes"这个词不仅可以翻译为"黑洞"，也可以翻译为"军营中的牢房"，具体如何翻译，需要根据具体的语境来确定。如果对这两种意象不了解，很容易出现翻译的错误。

（三）英语翻译教学的常见方法

1.扩大知识面

翻译是一项包含多领域知识的活动，如果对翻译的基础知识不了解，就很难明白文本的内容，也很难准确展开翻译。到目前为止，我国很多高校的英语翻译教学过多关注翻译基础知识，而忽视翻译能力培养，尤其是很少介绍文化方面的知识，这就导致学生遇到与文化相关的翻译内容时往往手足无措，甚至会出现翻译错误。因此，在英语翻译教学中，应该渗透文化知识，扩大学生的知识面，培养学生对文化知识的理解与把握，帮助他们提高翻译能力。

2.提高学生语言功底

翻译活动是一项复杂的活动，需要学生具备双语知识。也就是说，英汉语言功底对于翻译人员来说都不可缺少。因此，在翻译教学中，教师不仅要教授学生英语语言知识，还需要培养学生的汉语表达能力，熟悉英汉语言国家的表达习惯，从而提升翻译质量。

3.注重文化对比分析

由于教学环境的影响，英语文化的渗透还需要依赖翻译教学，其中文化对比分析是一种比较重要的方式。具体来说，在翻译教学中，教师不仅要讲解教材中的文化背景知识，还需要对文章中的中西文化进行对比与拓展，利用文化对比分析，建构完整的文化体系。

4.重视归化与异化结合

在翻译策略选择上，归化策略与异化策略是两种重要的翻译策略。由于英汉语言的差异，翻译实践中如果仅依靠一种策略是很难完成全部翻译内容的，只有将二者结合起来，并进行灵活处理，才能保证翻译质量。

5.媒体教学与课外活动相结合

为帮助学生更好地展开翻译活动，教师应该鼓励学生多学习一些英美原版作品，如引导学生多观看一些英美原版电影，从电影字幕出发教授学生翻译的技巧。另外，教师应该让学生在课外多收集一些生活风俗、文化背景方面的资料，在阅读与翻译中，学到更多的知识，从而为以后的翻译做铺垫。

二、英语翻译教学创新的原则

（一）精讲多练原则

精讲多练原则主要包含两个层面：精讲和多练。翻译教学如果仅从传统教学方法入手，先教授后练习，那么是很难培养好的翻译人才的。因此，在翻译教学中，教师应该不仅要教授，还需要练习，在课堂上将二者完美结合。

（二）实践性原则

翻译理论的教授很难培养出好的翻译人才，还需要进行翻译练习，这就是翻译的实践性原则。在翻译教学中，教师应该为学生创造更多的机会展开练习。例如，教师可以让学生去翻译公司实习，通过实践活动来进行提升。

三、英语翻译教学方法的创新

（一）制作个性化的翻译教学视频

在实施教学时，教师可以提前为学生制作视频，将教学内容进行模块化处理，每一个视频都围绕某一知识点展开，如翻译理论、翻译技巧等。同时，在制作视频的时候，应该突出重难点，明确教学目标，为线上、线下教学做准备。此外，教师还需要考虑翻译教学的连贯性，为了实现整体的教学目标努力。

在课堂开始之前，教师制作视频，设置教学任务，并将其发布到网络平台上供学生观看，之后对学生提出的问题加以汇总与解答。在课堂上，教师对视频中的技巧与理论加以梳理。组织学生进行协作学习，实现知识的真正内化。在课后，教师还可以组织学生撰写翻译笔记，从中了解学生对哪些问题还存在疑惑，进而对自己的教学方案加以调整。

（二）利用多媒体展开翻译课堂教学，增加英语习得

在翻译教学中，教师可以利用与教材配套的多媒体光盘辅助教学，不过，由于各个学校的多媒体设备资源配置不同，而且教材所配套的光盘往往

在内容上缺乏系统性，所以教师需要酌情使用。对此，最好的方法就是教师根据教材内容自己动手制作课件，然后利用多媒体设备播放。多媒体课件的制作过程相对繁琐，需要根据具体的教学过程、教学内容、教学目标、教学媒体等进行制作，只有将这众多条件融合在一起，并体现互动性原则，方能制作出优良的多媒体课件。当然，这样的课件对于学生翻译能力的提升也是大有裨益的，可以使不同层次的学生的翻译能力都得到提升。

为此，在进行翻译教学活动之前，教师可以利用声音、图片、动画等教学辅助手段来刺激学生的学习兴趣，使学生在学习过程中始终保持浓厚的兴趣，将枯燥的翻译理论变得生动、有趣。针对具体的教学过程，教师在其中不仅要教授学生英汉互译的技巧，而且还需补充中西方文化背景知识，让学生形成系统的翻译理论。虽然教师在翻译教学过程中所使用的教学模式相对陈旧，但在内容与形式上与传统的翻译教学已经大不相同。这种不同主要体现在如下方面。

（1）形式上不再是单调的板书形式，而是以媒体形式呈现，节约了大量时间。

（2）内容上是针对不同层次的学生展开的，在课堂上由教师指导和学生自主选择，有利于活跃课堂教学的氛围。

第六章 自主学习策略导向下的英语文化教学法创新

随着文化全球化的深入发展,世界上各个国家都开始重视对文化知识的教学,让学生充分了解国外文化知识内容,有助于拓展学生的国际视野,树立正确的文化价值观念。对于我国而言,文化教学在英语教学中的渗透是最佳途径之一。为此,本章主要研究自主学习策略导向下的英语文化教学法创新。

第一节 英语文化教学综述

一、英语文化教学知识介绍

(一)文化知识

1.文化的界定

"文化是什么?"这是文化研究、文化比较、语言人类学及文化人类学等研究领域都需要面对的元命题。然而，长期以来，人们对"文化"这个似乎时常挂在嘴边、运用自如的普通术语的定义、阐释却是众说纷纭，难以给出定论。正如美国人类学家阿尔弗雷德·克鲁伯（Afred Kroeber）和克莱德·克拉克洪（Clyde Kluckhohn）在《文化：关于概念和定义的检讨》中所说："在这个世界上，没有别的东西比文化更难以捉摸。我们不能分析它，因为其成分无穷无尽；我们不能描述它，因为其形态千变万化。当我们要寻找文化时，它仿佛是空气，除了不在我们手中以外，它无所不在。"那么，"文化"的定义有多少种呢？

美国人类学家克鲁伯和克莱德克拉克洪对文化概念进行了专门探讨，于1952年出版了《文化：关于概念和定义的述评》一书，书中梳理了从泰勒提出文化定义的1871—1951年这80年间西方学者关于文化定义的诸多文献资料，共收集到文化的定义164个。从那以后直至今天，各种新的定义有增无减、不计其数。"这一方面说明人们对文化内涵的认识与研究尚在不断深入，另一个重要原因则是人类的文化现象本身涵盖太广，它似乎无所不在，无穷无尽，人们常常只能从某一特定的层面或角度来对它加以把握和研究，不然将由于对象过于宽泛而难以着手。"因此，为了便于表述，我们把"文化"的定义分为狭义和广义两种。我们先从语义分析入手，对文化的多重含义与特征进行梳理，借此寻找一个切入点来理解狭义的"文化"定义，继而阐释广义的"文化"。

（1）"文化"的狭义定义

汉语中的"文化"一词，由"文"和"化"组成。"文"是象形字，"化"是会意字。查《说文解字》,《说文·文部》说："文，错画也。象交文。凡文之属皆从文。"意思是：文，交错刻画（以成花纹）。像交错的花纹的样子。大凡文部属都从文。可见，"文"的本义是各色交错的纹理，查阅文献，我们会发现，用这个本义的如《周易·系辞下》里的记载："物相陈，故曰文。"

又如《礼记·乐记》中写道："五色成文而不乱。"在此基础上，"文"又有多个引申义。我们参考张岱年、方克立主编的《中国文化概论》的"绪论"来看，"文"的引申义如下：

其一，为包括语言文字在内的各种象征符号，进而具体化为文物典籍、

第六章　自主学习策略导向下的英语文化教学法创新

礼乐制度。《尚书·序》所载伏羲画八卦，造书契，"由是文籍生焉"；《论语·子罕》所载孔子说"文王既没，文不在兹乎"，是其实例。

其二，由伦理之说导出彩画、装饰、人为修养之义，与"质""实"对称，所以《尚书·舜典》疏曰："经纬天地曰文。"《论语·班也》称："质胜文则野，文胜质则史，文质彬彬，然后君子。"

其三，在前两层意义之上，更导出美、善、德行之义，这便是《礼记·乐记》所谓"礼减而进，以进为文"，郑玄注"文犹美也，善也"，《尚书·大禹谟》所谓"文命敷于四海，祗承于帝"。

我们再看"化"，《说文·七部》曰："化，教行也。从七，从人，七亦声。"意思是：化，教化实行。由七、人会意，七表声。"化"的本义为变化，如《庄子·逍遥游》曰："化而为鸟，其名为鹏。"又如《周易·系辞下》曰："男女构精，万物化生。"后来，引申为教化之意，如王充的《论衡·佚文》曰："无益于国，无补于化。"

"文"与"化"并联使用，较早出现在战国末年，但是，两者还没合成为一个词。《周易·贲》曰："观乎天文，以察时变；观乎人文，以化成天下。"意思是说，治国者观察天文（天象），即天道自然规律，以了解时序的变化；观察人文，即人类社会的各种现象，以用教育感化的手段来治理天下。在这里，"人文"与"化成天下"紧密联系，治理天下、"以文教化"的思想已经很明确了。

汉代出现"文化"一词，刘向的《说苑·指武》曰："凡武之兴，为不服也；文化不改，然后加诛。"这里的"文化"一词，指的是与国家的军事手段即武功相对的一个概念，这是我们通常理解的文治武功，国家的文教治理手段。

《文选·补亡诗》中所记载的"文化内辑、武功外悠"中的"文化"一词也是这个意思。

通过以上对"文化"的词义分析，我们逐渐接近了"文化"一词所指的狭义的定义。继续深挖"文化"的词义及其发展脉络，正如程裕祯在《中国文化要略》中所言：唐代的孔颖达则别有见地，他在解释前引《周易》中的那段话时认为："圣人观察人文，则诗书礼乐之谓。"这实际上是说，人类社会的文化，主要是指文学艺术和礼仪风俗等属于上层建筑的那些东西。古人对"文化"概念的这种规定性从汉唐时代起，一直影响到明清。因此，顾炎武在《日知录》中说："自身而至于家国天下，制之为度数，发之为音容，莫非文也。"即人自身的行为表现和国家的各种制度，都属于"文化"的范畴。可见，中国古代的"文化"概念，指的是狭义的精神层面的东西。

苏联哲学家罗森塔尔·尤金在其编写的《哲学小词典》中指出："从比较狭隘的意义来看，文化就是在历史上一定的物质材料生产方式的基础上发生和发展的社会精神生活形式的总和。"

我国1979年出版的《辞海》基本上采用了该说法。2015年出版的《现代汉语词典》（第6版）在解释"文化"的定义时指出："特指精神财富，如文学、艺术、教育、科学等。"查阅《中国大百科全书》，其指出："狭义的文化专指语言、文学、艺术及一切意识形态在内的精神产品。"

1871年，英国人类学家爱德华·泰勒（Edward B.Talor）在《原始文化》一书中指出："（文化是）包括知识、信仰、艺术、道德、法律、风俗及作为社会人员的人所习得的任何其他能力和习惯在内的复合整体。"这是狭义的"文化"的经典定义，是一个里程碑，具有深远的影响力。

学者们对文化的定义还有很多。例如，文化是由人类的反思性思维发展出来的积累性结构。实施这种思维的机制是每个人内在素质的一部分；文化因素的积累主要是这类反思性行为在语言和客观性物质操作中的表达。

综上所述，狭义的"文化"指的是人精神层面的东西，如人的精神、思想、信仰、道德、观念、情感等。然而，表面上，这些精神层面的东西是看不见、摸不着的，它们需要外在的载体、媒介来体现，如某种（某些）具体的物质、语言、音乐等。或者，换言之，语言是一种特殊的文化。

（2）"文化"的广义定义

大致理顺了"文化"的狭义定义以后，我们接着来看看广义的"文化"。我们先从西方词源上来梳理"文化"一词的词义。"文化"一词，德语为"kultur"，英语为"culure"，源自拉丁语词"culura"，原意为耕作、培养、教育发展、尊重的意思。而拉丁语"culura"又是由拉丁语"culus"演化而来的，"cultus"含有为敬神而耕作与为生计而耕作两个意思，因而该词具有物质活动和精神修养两个方面的含义。

可见，"文化"的词义既包括物质生产活动，又包括精神方面的内涵。

第六章　自主学习策略导向下的英语文化教学法创新

梁漱溟先生指出："文化，就是吾人生活所依靠的一切。"他在《东西文化及其哲学》一书中说道：据我们看，所谓一家文化，不过是一个民族生活的种种方面，总括起来，不外三个方面：精神生活、社会生活和物质生活。精神生活方面，如宗教、哲学、科学、艺术等，宗教文艺是偏于情感的，哲学、科学是偏于理智的。社会生活方面，我们与周围的人的生活都属于社会生活的一方面，如社会组织、伦理习惯、政治制度及经济关系。物质生活方面，如饮食、起居等。

如同梁漱溟先生这样的观点，在苏联及我国的词典、百科全书中，"文化"一般被称为广义的"文化"。如前文中提到过的苏联哲学家罗森塔尔和尤金在其编写的《哲学小词典》中也指出了"文化"的广义定义，即"文化是人类在社会历史实践过程中所创造的物质财富和精神财富的总和"。我国的汉语词典、百科全书等大都采用此说法，如《中国大百科全书》中指出："广义的文化是指人类创造的一切物质产品和精神产品的总和。"又如，2015年出版的《现代汉语词典》（第6版）在解释"文化"的定义时指出，文化是"人类在社会历史发展过程中所创造的物质财富和精神财富的总和"。

1997年出版的《牛津高阶英汉双解词典》（第四版）对"文化"一词相对应的"culture"的解释为：refined understanding and appreciation of ant, literature, etc. ([文化]对于文艺等的深刻的了解和鉴赏); state of intellectual development of a society (一个社会智力发展的状况); particular form of intellectual expression, e.g. in art and literatures (文化[智力表现的形式，如体现于文艺方面]); customs, arts, social institutions, etc. of a particular group or people (某群体或民族的风俗、人文现象、社会惯例等); Development through training, exercise, treatment, etc. (锻炼，训练，修养); Growing of plants or rearing of certain types of animal (e.g. bees, silkworms, etc.) to obtain a crop or improve the species ([植物的]栽培); ([动物，如蜂、蚕等，良种的]培育); ……

可见，"culture"一词有多重含义，既包括精神活动领域，又包括人类物质生产活动。2004年出版的《牛津高阶英汉双解词典》（第6版）对"文化"一词相对应的"culture"的解释有所变化，在每一项释义前单独列出了概括式的解释，并用大写、蓝色字体标明，如下：

WAY OF LIFE生活方式

the customs and beliefs, art, way of life and social organization of a particular country or group文化，文明（指国家或群体的风俗、信仰、艺术、生活方式及社会组织）。

a country, group, etc. with its own beliefs, etc.文化（指拥有特定信仰等的国家、群体等）。ART/MUSIC/LTTERATURE艺术；音乐；文学。

art, music, literature, ete., thought of as a group 文化（艺术、音乐、文学等的统称）。BELIEFS/ATTTUTDES 看法；态度。

the beliefs and attitudes about sth. that people in a particular group or organization share文化（某群体或组织的一致看法和态度）。GROWING/BREEDING种植；养殖。

（echnical术语）the growing of plants or breeding of particular animals in order to get a particular substance or come from them种植；栽培；养殖；培育；……

值得注意的是，以上英汉双释义除了包括狭义的"文化"，即精神活动领域，也包括种植、栽培等人类物质生产活动，还增添了一个释义"文明"，在解释英文时，用汉语写了"文化""文明"这两个词，言下之意是，"culture"指的是汉语中广义的"文化"，与汉语中的"文明"词义更为切近。

要全面把握"文化"这一术语的定义及其在运用中的变化，我们还需理解一个与它关系极其密切的概念——"文明"。从词源学上追溯"文明"一词的来龙去脉，可参考徐行言在《中西文化比较》中的论述：汉语中文明一词早在《尚书》和《易经》中即已出现。《尚书·舜典》称舜帝"浚哲文明，温恭允塞，玄德升闻，乃命以位"。其疏曰："经天纬地曰文，照临四方曰明。"《周易·乾·文言》中有"潜龙勿用，阳气潜藏。见龙在田，天下文明"之句，孔颖达解释为"天下文明者，阳气在田，始生万物，故天下有文章而光明也"。另《周易·大有·象》有"其德刚健而文明，应乎天而时行，是以元亨"。《周易·贲·象》曰："刚柔交错，天文也。文明以止，人文也。"其含义均近于文采光明，文德辉耀。至清初李渔《闲情偶寄》中"求辟草昧而致文明，不可得矣"之句，始隐含与蒙昧相对的有文化状态的意味。

通过以上梳理，我们大致了解"文明"一词包括对物质方面和精神方面

第六章　自主学习策略导向下的英语文化教学法创新

都进行创造的双重意义，接近于今天人们通常理解的广义的"文化"。借此我们也就理解了为什么中国、古埃及、古巴比伦、古印度被称为四大"文明古国"，而不称为"文化古国"。

需要指出的是，"文化"一词在现当代的广泛运用，尤其是在学术研究如文化研究、人类学研究（特别是语言人类学、文化人类学等）、比较研究等方面，与西方的文化理论、人类学理论等相关思潮紧密相连。1871年出版的《原始文化》中的"文化"定义被视为具有里程碑意义的经典，其作者即英国人类学家爱德华·泰勒，他被称为"英国人类学之父"。自人类学诞生之日起，文化的概念一直都是人类学的基础。马林诺夫斯基认为文化是具有满足人类某种生存生活需要功能的"社会制度"，是人们推行的一套有组织的风俗与活动的体系。他认为文化主要包括物质文化、精神文化、语言、社会组织。文化的功能就是满足人民生产生活各个方面的诸多需要。

著名的语言学家萨丕尔（Sapir），同时也是人类学家，他对"文化"的概念做了如下论述：

"文化"这个词似乎有三个主要的意义或意群。首先，文化被文化人类学家和文化历史学家专门用来涵盖人民生活中的所有社会继承元素，包括物质的和精神的。"文化"的第二种用法流行更为广泛。它指的是一个相当传统的个人修养的理想。这种理想建立在少量被吸收的知识和经验之上，主要由一组典型反应构成，这组反应须被某一阶层、某一长期存在的传统所认可。文化的第三个用法最不容易定义，也最难给出令人满意的阐释。这可能是因为就连那些使用它的人也很少能够解释清楚他们所说的文化到底是什么意思。第三种意义上的文化与第一种专门意义上的概念相似，强调群体而非个人所拥有的精神财富。

可见，萨丕尔更偏向从人类学学科角度来理解"文化"的定义，同时，他既讲了广义的文化，也说了狭义的文化，他所指出的"文化"的三种定义都具有社会属性。

被称为"美国人类学之父"的博厄斯（Franz Boas）及其学生们如米德、本尼迪克特等对文化相对论、文化模式等的研究影响深远。

当代著名的美国人类学家克利福德·格尔茨（Ciford Geertz）在《文化的解释》一书中对克莱·克拉克洪（Clyde Kluckhohn）所梳理的文化定义做

了概括：泰勒式琐碎的文化概念可以导致的概念困境，在仍然作为普通人类学导论佳品之一的克莱德·克拉克洪的《人类之镜》中，显而易见。在大约27页的关于文化概念的章节中，克拉克洪设法把文化逐次定义为："一个民族的全部生活方式""个人从他的群体所得的社会遗产""思维、感觉和信仰方式""来源于行为的抽象""人类学家关于一个人类群体的真正行为方式的理论""集中的知识库""对多发问题的一套标准化适应方式""习得行为""调节和规范行为的机制""适应外部环境及其他人的一套技能""历史的沉淀"。

格尔茨在论述了前人研究成果后指出："文化就是这样一些由人为自己编织的意义之网。"从而，把所有与人（马克斯·韦伯提出，人是悬挂在由自己所编织的意义之网中的动物）相关的都置于这张"网"中，探求其意义并加以解析，分析解释表面上神秘莫测的社会表达。详细论述可参看格尔茨在《文化的解释》一书中所写的：

我所采纳的文化概念本质上属于符号学的文化概念……我与马克斯·韦伯一样，认为人是悬挂在由他们自己编织的意义之网上的动物，我把文化看作这些网，因而认为文化的分析不是一种探索规律的实验科学，而是一种探索意义的阐释性科学。我追求的是阐释，阐释表面上神秘莫测的社会表达方式。

综上所述，广义的"文化"涵盖面非常广泛，指的是人类社会发展过程中创造的物质财富和精神财富的总和。用通俗的话来说，我们可以概括为：人所创造并共享的一切活动及其结果都是文化。需要说明的是，我们在此梳理、划分文化的狭义和广义定义，仅是为了行文表达的方便，二者是相对的，不能把它们割裂开来。在逻辑上，狭义的文化从属于广义的文化，与后者存在着不可分割的联系。在具体研究人的精神层面的东西时，不能忽略物质创造活动的决定作用和基础意义。这是历史唯物主义文化观及方法论的一个基本要求。

2.文化的特性

无论"文化"有多少种定义，无论是"文化"狭义的还是广义的定义，

第六章　自主学习策略导向下的英语文化教学法创新

都不影响文化的特性。

（1）文化的核心是人

文化的核心是人。是人创造了文化，也只有人才能创造文化。文化是人类特有的。文化是人类智慧和创造力的体现。人（作为社会成员的人）创造、形成并运用、共享文化，同时也受约束于文化，最终又要不断地改造发展文化。如果没有人的主动创造和改变，文化便会失去生命、活力和光彩。因此，我们在讨论语言与文化时，一定要通过语言看到语言背后的人——语言的使用者，包括说者和听者，因为双方的文化背景对语言交流有一定的影响。

（2）文化是后天习得的

1871年，泰勒在《原始文化》一书里给出的文化定义中，最关键的一点是文化是"作为社会成员的人所习得的"。习得，指的是通过后天学习而获得，而非通过先天遗传，这样的习得是在特定的社会成长中获得各种文化传统、文化属性。文化人类学把孩子学习文化的过程称为"濡化"。可以习得的文化经过濡化过程而代代相传。有时候，文化被直接传授。例如，父母教育孩子说，小孩子要懂礼貌，见到认识的人要喊人，要懂得恰当地称呼对方"爷爷/奶奶""叔叔/阿姨""哥哥/姐姐"等。

（3）文化是共享的

文化并不是个体自身的属性，而是个体作为群体成员的属性，文化只有在社会中才得以传递、共享。《人类学——人类多样性的探索》一书第13章有专门讲"文化"属性的内容，讲解精辟而通俗易懂："分享共同的信仰、价值观、回忆和期望，把成长在同一文化中的人们联系起来。"

今天的父母都是昨天的子女。从父母那里接受文化过程的子女们当了父母之后，他们就变成了下一代子女文化的媒介（传播者、传授者）。虽然文化并非一成不变，但是，这种基本的信仰、价值观、世界观及子女教育实践却是长久保持不变的。而且，共享的文化背景是非常有影响力的。我们看到，在异国他乡，人们都更愿意、也更容易与跟自己来自同一国家、地区的人交往。正如美国人类学家康拉德·菲利普·科塔克所言："长着同样羽毛的鸟儿常常聚集在一起，对于人来说，文化就是人类自己的羽毛。"

（4）文化是象征的

象征，对文化及人类其他方面的习得都是非常独特而重要的。象征是某种口头或非口头的事物,在特定语言或文化中,用来表示另外的某个事物。象征及其指代物之间没有明显的、天然的或者是必然的联系。例如,有一种动物,在汉语里我们称为"狗",英语里称为"dog",其他语言里又有其他的叫法,这些叫法之间没有天然的关联。象征通常是基于符号的,文化中最重要的符号就是语言,即用词语代替具体指代的对象。不使用语言,人们无法让一个不在场的人较为清楚地了解事件、情感及其他经历。

当然,除了语言,象征也有非语言形式的符号体系,例如,五星红旗代表我们中华人民共和国;交通路口设置的红绿灯,红灯停,绿灯行;商场里商品的价格只需表示数字就可以了,而不是真的拿现金摆在商品旁边来体现等。以象征的方式思考、运用语言并使用工具和其他文化形式,以组织、适应自己的生活并协调周围的环境,这是人类生活的常态,其中,象征的重要性非同一般。美国人类学家格尔茨就将文化视为一种象征体系。

(5)文化是整合的

文化是整合在一起的模式化的系统。如果这一系统的某部分发生了变化(如经济、社会方面),其他部分也会相应发生变化。以前我们有句俗话说"早发财不如早生子",在民间,特别是农村,女性多会在二十多岁结婚、生子。今天,我们也会在婚礼上祝福新婚夫妇"早生贵子"。但是,晚婚晚育已经变得越来越普遍了,尤其是在大城市。人们对婚姻、家庭的态度和行为的变化与社会发展、经济变迁等是分不开的。因此,文化并非孤立的,而是整合的。

(6)文化是民族的、地域的

不同的民族、族群由于其赖以生存、生活的自然条件的差异以及由于地缘延伸而带来的不同文化共生关系的影响,往往会形成不同的思想价值体系、思维模式和行为方式等。在此基础上,便产生了使某个社会群体区别于其他社会群体的文化特质,在一定的条件、范围等多重作用下,就可能由此形成一种独特的生活方式、思维方式甚至文化形态。正如美国人类学家鲁斯·本尼迪克特(Ruth Benedict)所言,文化是通过某个民族的活动而表现出来的一种思维和行动方式,是使这个民族不同于其他任何民族的方式。

(7)文化是动态的过程

作为思维、行为等相互作用的一套系统,文化自然不是一成不变的。美

第六章 自主学习策略导向下的英语文化教学法创新

国人类学家哈维兰（Haviland，W.A.）等著的《文化人类学：人类的挑战》一书中把"文化的特性"设为专门的一章即第2章来讲述。其中讲了"文化是动态的过程"，记述如下：

文化是一个对其外部的动作行为有所反应的动态系统。当系统内部的某个元素转移或变化时，与受到外界施加的压力一样，整个系统会努力进行调整。为了恰当运行，一种文化必须拥有足够的灵活度，以便在面临不稳定或变化的情况时做出调整。随着经济发展，社会在不断变化，我们的生活也发生了日新月异的变化，文化也随之变化。在本书的后面几章，我们将会深入探讨更多文化的特性，我们会列出一些汉语中每年都被人们熟练运用的网络新词，与此同时，有些词语及其用法因在实际生活中不再被使用而消失，由此，词典里的词汇也在变更、刷新，等等。

文化涵盖的内容广泛、意义丰富，其属性众多，如我国著名学者吕必松在其《对外汉语教学概论讲义》中列出了文化的四个属性：民族性、社会性、系统性、阶段性。其具体内涵在此无法一一列举出来。

（二）跨文化交际的影响因素

1.心理因素

心理因素指运动、变化着的心理过程，例如人的感觉、知觉和情绪等，它们往往被称为事物发展变化的"内因"。广义地讲，人的心理因素包括所有心理活动的运动、变化过程。具体来讲，人的心理因素主要有两种：积极心理因素与消极心理因素，它们是相互排斥的。积极的心理因素对跨文化交际起着促进作用。在当今经济全球化条件下，跨文化交际日益频繁，其本身的作用也日益重要。不同文化背景下的人们在交际中只有具备相应的心理意识，才能使得跨文化交际顺利进行。

消极的心理因素对跨文化交际具有阻碍作用。跨文化交际过程中，潜在的障碍主要来自于交际团体和个体间的心理取向。定式、民族中心主义、偏见、寻求相似性、普遍性假设等因素都会影响交际的顺利进行。只有交际主体提高对文化差异的认识，以尊重、平等、开放、包容的心态进行交际，才能获得跨文化交际的成功。普遍性假设也是跨文化交际的阻碍性因素之一。有些人认为自己与另一文化的人们有很多相似性，并以自己怎样看待事物为基础，去假设自己也知道别人的思维方式。这种假设会导致沟通障碍，甚至引发冲突。

2. 环境因素

跨文化交际研究的重点是文化差异，而文化的差异主要源于其所处的环境不同。环境包括因文化本身所造成的生理环境、心理环境、社会环境、自然环境以及具体的语言环境，环境因素对于跨文化交际的影响无处不在。

交际的物理环境对于交际的影响是非常明显的。人们在社会化的过程中学会了在什么样的场景下说什么样的话、怎么说、不说什么，等等。行为的场合具有一种约束力，人们对具体场合中什么是恰当的行为存在共识。在跨文化交际中，对于某一个具体环境，不同的文化会有不同的反应。如中国学生上课的教室环境要求与美国教室的要求完全不同。社会环境被人们所塑造，但是又反过来影响人们的生活方式、价值观、思维方式等等，所以对跨文化交际来说也有至关重要的影响。

3. 思维因素

语言是以特定的民族形式来表达思想的交际工具。思维通过语言来存在和交流，语言又与该民族的思维方式和水平相适应。不同的文化背景造成不同的思维方式，其理解方式也大相径庭，因而在跨文化交际中就存在或多或少的障碍。

美国学者罗伯特·卡普兰通过对来自不同文化的学生的作文进行分析发现：英语的篇章组织和发展模式是直线型，而东方语言则是螺旋型。前者表达和理解直截了当，由A即可推出B；后者则拐弯抹角，借助于中转站C方可到达。就拒绝而言，前者直接一句"I'm sorry but..."便了事；后者却会罗列一堆理由，摆出许多联系并不紧密的缘由，但终究未将"不"说出口，得靠听者意会。具有特定语言思维轨迹的人，习惯用一种特定的方式理解事物、

第六章 自主学习策略导向下的英语文化教学法创新

分析事物。因此当西方人在用其固定的严密的逻辑思维推导汉语词句可能的意思时，将不可避免地遇到思维方式障碍，其主要表现在两个方面。

（1）用线性思维方式理解汉语词句的含义

所谓的"线性"思维，其主要特点是用一元一维直线思维处理各种问题，又称"直线思维方式"。多元问题一元化、复杂问题简单化；将问题的性质都看成非此即彼，凡事必须做出明确的"是""非"判断，非黑即白。这就难以避免主观性、绝对化和片面性。从某种程度上看，这是西方的严式逻辑推理思维过度强调精确的外化。例如中国人有时会说"你妈妈真年轻，就像你姐姐一样"。在我们看来这是明显的称赞对方母亲年轻的表示，而西方人则会认为这是显然地说自己看起来老于实际年龄。

（2）用主观性思维方式解释汉语词语的含义

主观性思维是使外部现实适应和服从自己头脑中的固有模式的思维习惯倾向。换言之，则是将外部事物强行融入自己的头脑模式，不管其正确与否。

例如"韬光养晦"一词，美国国防部对"韬光养晦"所用英文为"hide our capabilities and bide our time"，意即"掩盖自己的能力，等待时机东山再起"。此后数年美国政府均采用同样的英文表述。另外还有一些英文书籍或文章译为"hide one's ability and pretend to be weak"或"conceal one's true intention"或"hide one's ambitions and disguise its claws"以上等等解读显然是没有正确地把握词语的真正含义。

诸如"韬光养晦"之类的包含着中国传统辩证思维的句词民谚，单纯用线性思维和主观思维是无法理解的。中西语言思维的差异致使对文本的理解有了沟壑。而线性思维方式与主观思维方式二者本无绝对区分。因此，当以线性思维看问题时就易陷入主观臆断当中；而主观思维反过来又促使线性思维直板、单一、片面的理解。对语言文化内涵的把握绝不可只限于从它产生的文化背景中了解它的一般所指，更重要的还在于能够从产生它的特定文化背景中去把握它所负载的、超出一般所指的特殊意义。

(三）英语文化教学的现状

语言与文化有着密切的关系，因此在英语教学中融入文化有着非常重要的意义。在早期的英语教学中，跨文化交际教学的目的在于让学生理解目的语文化，因此教师教授的也多为目的语文化知识及其相关背景。随着研究的深入，跨文化交际教学的内容也发生了改变，将文化态度、文化观念等内容也容纳进去。这时跨文化交际教学的目标也相应发生改变。

1. 频繁的跨文化接触

随着人类社会不断进步与发展，人类的生活向着更加开放的方向发展，不同国家、不同民族可能因为生存的需要，彼此之间不断交往，并且这种交往变得更加频繁。因此，跨文化交际产生。如果人与人之间的交往是早期的交往形式，以民族化作为特征，那么国家之间的交往就具有国际化或者地域化的特征，从而逐渐转向全球化。随着当今科技的迅猛发展，不同国家与民族之间的交往更加频繁与紧密，这也成了民族兴旺发达的一项重要内容，促进了从文化视角研究教学的可能性。

2. 教学具有明显的功利性

基于传统教育体制与理念，我国的英语教学呈现了明显的功利性特色，即考试考什么，教学内容就教授什么。这种传统在初中、高中表现得极其明显。在实际的教学中，教师过分关注语言知识的传授，很少将文化知识纳入其中展开教学。

受这一思想的影响，不管是教师，还是学生，都将教学的目标看作通过考试，教师的教学主要是为了英语过级服务。当然不得不说，这有助于学生提升自身的应试技能，却让他们很难学习到文化背景知识。

3. 文化碰撞实战演练较少

我国学生都是在母语环境下学习英语的，这种学习效果显然不如在目的语环境中学习。也就是说，我国学生在学习英语时由于缺乏外语学习氛围与环境，很少与异域文化进行碰撞与接触，这就导致他们的实战操练机会

第六章 自主学习策略导向下的英语文化教学法创新

很少。

例如,很多学生在学习西餐时都会学习"开胃菜"这个词,背诵了几遍就记住了"开胃菜"的单词与意义,但是对于其到底是什么,很多学生并不清楚。但是,如果学生是在目的语环境下,他们只要参加一次,就很容易了解与把握。显然,外语文化环境的缺乏很可能导致学生的英语学习事倍功半。

(四)英语文化教学的任务

外语教育的文化立场作为外语教育的一种基本策略与思维方式,并不意味着在语言知识中简单嵌入文化因素,而是将语言知识与文化知识整合起来,更好地融为一体展开教学。

1.实现外语教育的文化立场转向

外语学习不仅是一种语言学习,更是一种对多元文化认识与理解的过程。单一的语言学立场容易造成语言与文化的分离。众所周知,语言与文化是并存、共生的,二者是密不可分的关系,语言是突出部分与表现形式,是文化的载体与产物。世界上没有不反映文化内容的语言,也没有与语言无关的文化。语言本身就属于一种文化现象。一个民族的文化在其民族语言中隐藏,因此语言结构具有民族文化的通约性。如果不了解语言中的社会文化,那么就很难真正地理解语言。因此,就本质上说,语言教学与文化教学有着密不可分的关系,语言教学本身应该将文化内容纳入其中来讲授。而且,学生通过对文化知识的学习,能够了解不同的思维方式与风俗习惯,拓展他们语言学习的知识面,提高自身的文化修养。

2.克服单一的语言知识教学的局限性

外语教学不仅是一种文化教学,更是跨文化视角下的文化回应性教学。所谓文化回应性教学,即要求在教学目标上培养学生尊重其他文化的态度与意识,帮助学生形成自身文化的自豪感与认同感,使学生能够从不同视角出发对同样的事件和经验加以审视与理解,提升自身对文化差异的鉴赏力。外语学习其实属于一种跨文化学习。外语与母语有着不同的价值观、不同的文化背景，因此在外语教育中，教师需要他引导学生在了解语言符号知识的基础上，对不同的文化立场与文化背景进行认识和了解。同时，回归母语文化，对不同文化因素的差异性进行判断与理解，对人类共同的核心价值观进行识别，从而有助于培养学生形成尊重其他文化的态度，构建对自身文化的自豪感。

二、英语文化教学的影响因素

（一）语言差异因素

1.汉语重形象思维，英语重抽象思维

人类的抽象思维和形象思维是密切联系、互相渗透的。汉字起源于象形文字，直接从原始图画发展而来，从最初就具有直观性，其意义以字形与物象的相似为依据。汉语中有丰富的量词，量词也是汉语形象化的体现。世间万物，千姿百态，形状各异，汉语中形形色色的量词形象生动，准确鲜明，对事物的姿态一一进行描述。如一朵花、一面镜子、一匹马、一盏灯、一堵墙等。而英语只突出被描述的客体和数量，从与以上汉语相对应的英文"a flower, a mirror, a horse, a lamp, a wall"便可见一斑。

汉语里量词的大量存在是与中国人擅长形象思维分不开的，一把雨伞、一面旗，两尾金鱼，三艘船，这些量词与该名词的形象有关。英语虽然也有量词，但是数量上远没有汉语多，也没有汉语量词形象生动，并且同一个量词往往可以配上许多不同的名词，例如英语中："a piece of news, two pieces of paper, a piece of land, a piece of furniture, a piece of information"，同一个量词"piece"翻译成汉语却是对应五个不同的量词：一则新闻，两张纸，一块土地，一件家具，一条信息。

汉英这种思维差异不仅体现在字形上，还在两种语言的语法中有所反

第六章　自主学习策略导向下的英语文化教学法创新

映。逻辑严密的英语语法反映出英美民族偏重抽象理性的思维特点。例如，英语"The child himself bought a book."可转换为"The child bought a book himself."（这孩子自己买了一本书）; "He arrived after 4 weeks."可转换为"He arrived 4 weeks after."（四个星期后他才到）; "I don't know whether he is well or not."可转换为"I don't know whether or not he is well."（我不知道他的身体究竟如何）; "After dining at the Jones's, I met him at my tailor's."可改变词序"I met him at my tailor's after dining at the Jones's."（在琼斯家吃了饭，我在裁缝店遇见了他）等等。而汉语的词序则是不可改变的，先吃饭，后到裁缝店，然后才遇见他，词序表达必须按生活实际的时间顺序。

汉语偏重经验感性的思维特点产生于汉民族的传统文化。汉民族文化重视实际生活经验，所以人们常说"嘴上无毛，办事不牢"，"老将出马，一个顶俩"。这种文化观念的思维定式反映在语言上，就是重经验直觉，带有较浓厚的感性色彩，词句的表达与理解，不太注重语法上的严密思考，而倾向于凭经验进行意合获取，这种特点在古汉语里表现尤为突出。古汉语文章竖行从右至左书写，无标点符号，不分段落，一气呵成。难怪有西方人说："汉人读书不断点头称是，而西方人读书不断摇头示疑。"此话尽管带有几分讽刺，但也在一定程度上说明了英汉语言的不同特点。

汉语的词序具有参照现实经验的感性思维特点。汉语词语前置或后置反映出生活经验的时间顺序。在叙述动作、事件时，往往按事情发生的自然顺序排列句子，先发生的事件或事物在先，后发生的就在后。例如以下两组句子：

他从上海（1）坐火车（2）经南京（3）来到济南（4）。
He came to Ji'nan (4) from Shanghai (1) through Nanjing (3) by train. (2)
Usher直挺地躺在沙发（1）上，我一进去（2），他就站起来（3），热情地向我打招呼（4）。
Upon my entrance (2), Usher rose (3) from a sofa on which he had been lying (1) at full length, and greeted (4) me with a vivacious warmth.

从以上例句不难发现，在叙述动作、事件时，汉语往往按时间的先后顺序和事理推移的方法，把一件一件事交代清楚，呈现一种时间顺序的流水图。英语则是靠语法的逻辑性来体现事件发生的顺序。

又如汉语成语"一触即发",先是"触",然后才是"发",英语中则可译为"explode at a touch","爆发"可置于"触"之前;"一点就通",先是"点",然后才是"通",英语则可译为"understand at a hint","通"在前,而"点"在后。再如英语"I'm taller than him","taller"(较高)在前,"than"(比)在后,而汉语则说"我比他高","比"在前,然后才知高矮。此类例子不胜枚举。

总体而言,英美民族重句子的理性分析,语句结构严密,一般而言,每句话必有主语和谓语动词,主语和谓语动词的时态必须一致,受语法的约束,所以语言的理解较汉语更重语法逻辑。而汉民族思维的内核是具体性、直观性和形象性,汉语语法也具有直观形象的意合特点。

2.汉语重整体思维,英语重个体思维

汉英思维上的这种差异体现在时间和地点词语的排序及语篇的篇章结构上。在表达时间概念时,汉语顺序按年、月、日、时、分、秒这样一个从大到小的顺序排列。例如,2008年3月10日12时30分20秒。英语的顺序正好相反,按秒、分、时、日、月、年这样一个从小到大的顺序排列。例如下面这个句子:"At eleven minutes past 1 a. m. on the 16th of October 1946, Ribbon Trop mounted the gallows in the execution chamber of the Nuremberg Prison."对应的汉语翻译是"1946年10月16日凌晨1点11分,里宾·特洛普走上纽伦堡监狱死刑室的绞架"。

(二)文化差异因素

观念是人们经过学习在头脑中形成的对事物、现象的主观印象。观念是通过对感官资料进行选择、组织并加以诠释的方式来认识世界的过程。这个过程包括识别(identification)、阐释(interpretation)和评估(evaluation)三个阶段。

人们已有的经验对识别结果会产生影响,而文化对阐释与评估会产生影响。例如,来自不同国家或者民族的人对个人信用的解释是不同的。对美国人来说,个人信用的主要指标是独立与能力、坦诚与直率、强势与自信、理

第六章　自主学习策略导向下的英语文化教学法创新

性与果敢等。而对中国人和日本人来说，个人信用的主要指标是社会地位、沉稳与含蓄、顺从与谦卑、仁爱与机敏等。

思想观念往往是由社会教育（包括家庭教育和学校教育）逐步形成的人生观和价值观，属于意识形态的范畴。

1.宗教观念

世界上现存的主要有三大宗教，即基督教、伊斯兰教和佛教。基督教（包括天主教、东正教和新教）主要集中分布在欧洲、美洲和大洋洲的一些国家，其信徒被称为基督徒。据统计，在这些国家，有80%以上的人是基督徒。基督教以"平等、博爱"为教义。伊斯兰教主要集中在东南亚、中亚、中东、非洲地区。信奉伊斯兰教的人被称为穆斯林（Muslim）。伊斯兰教以"顺从、和平"为教义。佛教主要集中在东亚地区，信仰佛教的人被称为佛教徒（俗称"和尚"）。佛教以"善、缘"为教义。宗教观念影响人们的许多行为。

2.家庭亲情观念

不同国家和不同民族的亲情观念不同。

受儒家思想影响的传统中国家庭，以血缘为纽带、以伦理为本位是家庭关系的突出特点。在中国封建社会里，由"父为子纲"确立的长幼秩序，由"夫为妻纲"确立的夫妇关系，由"三从四德"所确立的男女地位等，对建立、调节与维护中国传统家庭关系起到了重要作用。其中，"孝道"是家庭伦理道德的本质与核心，是确立家庭伦理关系的基石。"夫孝，德之本也，教之所由生也。""身体发肤，受之父母，不敢毁伤，孝之始也。立身行道，扬名于后世，以显父母，孝之终也。"（《孝经》）

在中国传统宗族制的影响下，中国人形成了很强的家族观念。在中国，家族观念构成了复杂的亲属关系网。亲属有宗亲与姻亲之分，其中，宗亲有嫡亲、堂亲与族亲之分，姻亲有姑亲、舅亲与姨亲之别。

受基督教影响的西方家庭，以"自我"为本位是家庭关系的突出特点。"奉上帝、疏亲友"的理念使得西方人家庭观念淡薄，血缘亲情让位于对上帝的崇敬。就亲属称谓来说，在中国文化中，亲属称谓是以父系血亲称谓为主干，以母系和妻系的姻亲称谓为补充的严谨而复杂的称谓系统，突出"长幼有序，内外有分"的特色。而在西方语言中，没有姻亲与血亲的区分，是以姓名称谓为主干，以血亲称谓为补充的简单而直接的亲属称谓体系。例如，在 *The Family Album USA*（《走遍美国》）中，儿媳Marilyn直接以名字来称呼她的公公Philip和婆婆Ellen。

不同国家和不同民族对于亲情的表现方式也不同。从对孩子跌倒的态度上可以看出不同之处。比如，在北欧的一些国家里，如丹麦，父母会安慰跌倒的小孩；在瑞典，小孩跌倒了，父母马上研究如何预防此类事件的再次发生；在挪威，父母鼓励跌倒的小孩自己站起来，不要哭；在芬兰，父母对跌倒的小孩不闻不问，让他主动爬起来。

3.性观念差异

性几乎在所有的国家和民族里都是禁忌，但是忌讳的程度不同，这主要因为人们在性观念上存在差异。在中西文化中，性观念存在明显的差异性。

在性权利的实现上，西方早在希腊罗马时期，就基本实行一夫一妻制，但盛行以婚外情为一夫一妻制的补充。在古代中国实行的是妻妾制，妻妾制有利于建立长期而稳定的家庭婚姻关系，有利于生育、子女的抚养和家族的繁盛。在性的表达方式上，西方人追求自然、崇尚直率，对性具有广泛的社会宽容性。而中国人偏向含蓄、刻意回避。

在汉语里对性讳莫如深，有意潜藏性观念，往往使用一些替代性的词汇，如把性器官称为"生殖器"，将"性行为"称为"同房""房事""巫山云雨"等。

4.社会观念的差异

社会观念是在一定的社会群体范围内长期形成并需要其群体成员共同遵循的观念。这种观念往往被作为群体范围内人们交际的言语和行为的评判标准，从而影响到群体内的每一个成员。这些观念主要包括时间观念、自我认同观念等。

（1）时间观念

不同文化群体的时间观念存在差异。中国的文化传统比较强调大局意

第六章 自主学习策略导向下的英语文化教学法创新

识，主张凡事从大处着眼，其叙事的顺序、时间与地点的表述、姓与名的排列等，往往由大到小，由整体到局部。而英美文化则比较强调个体因素，看问题的角度往往由小到大，由个体到整体。

中国人支配时间比较随意，灵活性强，且重点是关注过去，因此中国人往往具有由远而近、由大而小、由先而后的聚拢型归纳式思维方式。在西方世界中人们的时间观念很强，其时间的概念是直线式的，即将过去、现在和将来分得很清楚，且重点关注的是将来，因此西方人往往具有由近而远、由小而大、由后而先的发散型演绎式思维方式。例如，中国人记录时间的顺序是"年、月、日"，而西方人记录时间的顺序是"日、月、年"或者是"月、日、年"。

霍尔根据人们利用时间的不同方式，提出一元时间制（mono-chronic time system，亦译为"单向时间制"）和多元时间制（poly-chronic time system，亦译为"多向时间制"）两大系统。

一元时间制的特征：长计划，短安排，一次只做一件事，已定日程不轻易改变。一元时间制是工业化的必然产物，一般分布在工业化程度较高的地区。富有效率，但有时显得过于呆板，缺少灵活性。

多元时间制的特征：没有严格的计划性，一次可做多件事，讲究水到渠成。多元时间制是传统农业社会的产物，一般分布在工业化程度较低的地区，虽有人情味，容易对人、对事进行变通（比如走后门），但也给人们带来不少烦恼。

德国人都会科学而合理地安排时间，以提高效率。比如，德国人开会，事先都会安排好具体时间及开会议程，一般主持人在会议开始时就告知大家会议所需要的时间，并且在计划和规定的时间内完成相关事项，绝不拖延。

例如，在电视剧《大染坊》中有一个情节：宏巨染厂的老板雇了几个德国技工，这几个技工每天早晨八点准时来上班，到下午五点准时下班。有一次，在一个夏天的下午，老板看见这几个技工五点下班，但天上的太阳还很高，于是就问他们："怎么这么早就下班了？太阳还没下山呢！"老板得到的回答是："下班的时间到了，已经五点了。"老板告诉他们，在中国，人们的工作习惯是要等到天黑才能下班。后来有一天暴雨将至，天色暗沉下来，于是几个技工便收拾工具要下班。老板看见就问他们原因，得到的回答是："你上次说，天黑了下班，现在天黑了，所以我们下班了。"老板无奈地笑了。

（2）自我认同观念

自我认同观念是由自我身份认同、自我价值取向和自我价值的实现三大要素构成的对自我的理解、态度和塑造的观念体系。东西方人的自我认同观念存在很大差异。

在中国传统文化中形成了"重名分、讲人伦"的伦理观念。而西方社会形成了"人为本、名为用"的价值观。这些差异具体体现在立身、处世等方面。

①中国人的自我认同观念

中国的传统文化长期受儒家修身、齐家、治国、平天下的道德价值观影响，形成了"万般皆下品，唯有读书高"的社会价值取向。受先秦时代"满招损，谦受益"的哲学思想的影响，汉民族具有含蓄深沉、崇尚谦虚的传统观念。

中国人受传统思想的影响而形成了"卑己尊人"的礼让观念。"夫礼者，自卑而尊人。"（《礼记》）

首先是"厚礼"。"非礼勿言。"（《论语》）"礼者，贵贱有等，长幼有差，贫富轻重皆有称者也。"（《荀子·富国》）

其次是"重德"。儒家的仁学思想将个体人格的自我修养作为行仁义的先决条件，即"内圣"。佛教和道教崇尚"虚静""修身养性""谦虚自律"等。

最后是"谦恭"。"谦谦君子，卑以自牧也。"（《周易·象》）"满招损，谦受益。"（《尚书·大禹谟》）

中国人受这些传统礼教的影响，常常是通过"贬低自己、抬高别人"的办法来让对方肯定自我，赢得尊重，被西方学者称为无我文化。

在中国传统文化中，个人是群体的分子，是所属社会关系的派生物。人们的群体利益优先于个人利益，个人利益依附于群体利益并通过群体利益来体现。自我的主体性、独立性、人格、地位常常被忽略或者剥夺，而以繁重的义务和责任的形式来体现。因此，中国人在处世方面首先考虑的是别人的感受和反应，注重顾全面子的"礼多人不怪""君子和而不同"的交际原

第六章　自主学习策略导向下的英语文化教学法创新

则，通常以牺牲自身利益或者委屈自己为代价来迎合他人的心态和方式进行交际。

在人际交往中，中国人信奉"人情一线牵，日后好见面""礼尚往来""多个朋友多条路，大树底下好乘凉"的原则，努力将自我融入某个强势群体中，以免被"边缘化"。林语堂说人情、面子、命运是支配中国人生活的三大女神。

②西方人的自我认同观念

以商业活动为经济基础的西方文化受功利主义伦理观影响，认为思想观念和现实世界之间存在着直接联系，形成了"个性张扬、求利至上"的社会价值取向。

在西方社会里，受平等理念的影响形成了"自我中心、自我展示、自我实现"的观念。因而，在西方人的自我观念中，谦虚是一种病态，自卑是没有自信的表现，尊重来源于自信与平等。在英语中，只有一个单词永远是大写的，那就是"I"。

平等观念为人们普遍接受。杜鲁门当选美国总统后，有人向其母表示祝贺："你有这样的儿子一定十分自豪。"杜鲁门的母亲回答："是的，不过我还有一个儿子同样值得骄傲，他现在正在地里挖土豆。"

在西方文化中，人们受"独立、人权"思想的影响形成了"自我中心的权利本位"观念。这一观念体现为自我取向，即以自我为中心的交际心态和准则。

在人际交往中体现为办事不讲情面，崇尚公平竞争，吃饭AA制，社交称谓以平等的姓名称谓为主等。例如，在美国的社会交往中，除教授、医生等少数职业外，不论职业、阶层、贵贱，一般都采用平等的姓名称谓。

观念是人们用以支配行为的主观意识。人类的行为都是受行为执行者的观念支配的，观念直接影响到行为的结果。文化的价值体系对跨文化交际产生重要的影响。

在文化交流中，观念可以影响人们的行为。价值观念往往通过潜移默化的方式向文化群体中的每个成员灌输好与坏、正与误、真与假、正与反、美与丑等标准，使人们明白应该学习什么、批评什么、捍卫什么。

例如，在朝鲜，女人是不能穿裤子出现在公共场所的，而应该穿裙子。

而且，所穿的应该是长裙，要求裙摆不能高过膝盖，否则会被视为"不正经"。如果看见有人穿高过膝盖的裙子，就会有上了年纪的"阿玛妮"（朝鲜语大妈、大婶）上前来劝阻和说服。再如，美国妇女本能地对一夫多妻制有一种"嫌恶"，她无法想象和别的女人分享丈夫的爱，觉得接受这种状况是违背"人的本性"的。而叙利亚科里亚克部落的妇女会觉得一个女人不能自私地限制丈夫只能有一个伴侣。

三、英语文化教学创新的原则

（一）主体意识强化原则

基于全球化的浪潮，西方国家凭借自身的话语权，采用经济、文化等手段推行其生活方式或意识形态，对包括中国在内的其他文化产生了冲击，导致文化输入、输出出现了严重的失衡情况，也对其他民族的文化造成了严重的腐蚀。

对此，在实施文化教学中，教师必须引导学生对跨文化交际过程中的平等主体意识加以强化，减少学生对西方文化的盲从，增强学生对中国优秀传统文化的认知与了解，主动对中国传统的文化进行整理与挖掘，吸取文化中的精髓，将中国传统的优秀文化底蕴凸显出来，强调中国优秀传统文化在当今世界的价值。

在文化教学中，教师要引导学生遵循"和而不同"的原则，既要对其他文化有清晰了解，又要既保持自身文化的特点，让学生能够向世界展现中国优秀文化的精髓。

在文化教学中，教师要不断培养学生自信的气度与广阔的胸怀，让学生学会在平等竞争中，与其他国家互通有无，以多种形式将中国的传统优秀文化传播出去，不仅对西方文化霸权主义的侵蚀加以抵制，还能确保中国文化在世界文化中的地位和格局，从而促进世界文化的多元发展。

第六章　自主学习策略导向下的英语文化教学法创新

（二）内容系统化原则

文化的内容非常丰富，其所包含的因素至今还没有一个定论，因此在实施文化教学时，教师不能一股脑地将所有文化内容纳入自己所讲授的内容之中。因此，我国的教育主管部门应该组织文化领域的专家、学者，从价值性、客观性、多元性等多个层面出发，对中国优秀传统文化的教学内容体系进行确立，具体包含中国的基本国情文化、社会主义核心价值观、民族文化、节日文化、生活文化等。

（三）策略有效性原则

在实施文化教学时，教师应该采取有效的策略。具体来说，可以从如下几个方面入手。

第一，教师要用宽容、平等的心态对中西方文化进行对比展现，通过对比来鉴别。这一策略就是将中国文化与其他文化进行比照，从而展现中国文化与其他文化的异同，避免将那些仅属于某一特定社会的习俗与价值当作人类普遍的行为规范与信仰。

第二，在运用这一策略教学时，教师应该着眼于跨文化交际中存在的现实问题，克服那些片面的文化定型观念，避免用表面形式取代丰富的文化内涵。也就是说，教师应该引导学生透过现象看本质，通过理性、客观的态度，对不同文化的异同加以分析。

第三，教师要为学生提供充足的空间与机会，让学生感受到中国传统文化的魅力。通过体验，可以将课堂环境与社会环境结合起来，加强文化与社会、学生与社会等之间的关联性，使学生在英语教学情境下不断体验与感悟，从而帮助学生形成文化理解力、认知力。

第二节　英语文化教学法改革

一、课程要体现文化品格

英语课程属于一个系统工程，其不仅包含教学内容、教学目标、教学要求，还包含对英语课程性质的理解与把握。随着英语课程与教学改革的深化，很多教师迫切要求一种新的理论来指导教学实践。而对英语课程进行文化语言学层面的研究，是更新教学观念、变更教学方法、建构教学新秩序的重要手段，有助于帮助教师走出应试教育的困境，具有实用性价值。也就是说，在英语课程与教学改革中把握英语教育文化的本质，才能在实践中调动学生的主观能动性，真正地实现教育目的。这就是对英语课程的文化品格进行分析的魅力所在。

（一）什么是文化品格

关于"品格"这一词汇，《辞海》中有如下四层含义。
第一，指代物品的质量规格。
第二，指代文学艺术作品的格调、质量。
第三，指代一个人的性格、品格。
第四，指代一个人为官的品格。
对于这四点，最后一点可以忽略不谈，前三种可以将其泛指为品行、性格、质量。
在英语中，与"品格"对应的单词是"character"，其中《牛津高阶词典》对这一词的解释为：品格、品质以及特点、特征等。
对于上述对品格的分析我们可以这样认为，文化品格即指的是人或者事物在思维方式、价值观念等层面表现出来的气质、精神、特点与风格，其不仅是对人或者事物文化属性的规定，也是其价值取向的一个重要表现。
从中国知网关于"文化品格"进行搜索，其主要涉及两大研究范畴：一

第六章　自主学习策略导向下的英语文化教学法创新

是对某个人或者群体所具备的个性特征展开分析,二是对某类事物或者活动本身在文化层面表现出的属性与特征进行研究。但是综合分析来看,文化品格重在描述事物或者活动主体所展现出来的文化特征与气质,并且这些文化特征与气质是事物以及活动主体的重要体现。因此,本书采用"文化品格"来对英语课程展开描述。

（二）英语课程中文化品格的释义

无论是什么学科,一旦进入了学校教育领域,以一种课程的形式表现出来,其就不可避免地具备"文化品格",这是由课程的本质属性决定的。就这一意义而言,所有课程都与文化有着密切的关系。但是,由于课程不同,这种文化的存在样态也是会存在差异的。对于英语这门课程来说,学生学习英语不仅仅是为了学习英语知识,更是要理解其隐形的符号系统。对于母语学习者来说,母语课程会浸润在日常生活中,是一种自觉的行为,但是对于外语学习者来说,由于一些场合与场景的缺乏,导致其势必会是一种探寻的结果。因此,英语课程的文化品格指的是英语课程作为一门语言教与学的课程,其自身所持有的文化气质、文化性格与文化品行。当然,这主要受英语课程的性质与教学目标决定。

1.从课程性质理解英语课程的文化品格

具体来说,英语课程的性质主要可以归纳为如下几点。

首先,英语课程的基础性。21世纪是一个世界各国相互融合的时代,地球已经成为一个村落,在这一村落中,英语是流行的语言,可以帮助人们在这一村落中更好地生存。随着信息技术的发展,计算机网络使人们获取知识的方式发生了改变,21世纪的人才要具备在网络上获取信息的能力,而英语成了国际网络上的交流工具。显然,掌握英语是新时代对人才的一大要求。我们处于一个多元文化的社会,而在这个社会中的人们需要学会与不同文化背景下的人们展开交流、和谐共处。英语课程为学生们打开了一扇了解他国文化的窗户,通过这一途径,学生可以接触不同的文化,了解不同文化背景下人们的生活方式,为进一步增进彼此之间的交流与合作奠定基础。显然,英语课程是学生开阔视野、培养智力、锻炼品质的一项重要课程。

其次，英语课程的交际性。实际上，不光是英语这门课程，其他课程也都具有交际性。但是由于受传统教育观念的影响，我国的英语课程过分注重词汇知识与语法知识的讲授，这种观念虽然有助于学生获取英语语言本体知识，但是随着对语言本质认识的深入，人们也认识到应该改变这种传统的课程观念。英语课程对于我国的学生来说是一门缺少真实环境运用的学习，基于这样的情况，一味地教授语言知识是远远不够的，这会让学生降低学习的兴趣，因此需要强化交际性，为学生创设各种交际环境，提升他们的交际能力。

最后，英语课程的人文性。英语作为一种语言，不仅是一种交际的工具，还是一种文化的彰显。学习语言更是为了学习语言背后的文化。因此，除了要注重英语课程的工具性，还需要注重其人文性，不可片面地强调其中的一方面，否则就会使英语课程发展不平衡。

2.从课程任务理解英语课程的文化品格

英语课程的性质决定了英语课程的主要任务在于培养学生的综合运用能力。美国著名的语言学家巴赫曼（Bachiman）对语言能力的理论框架进行概括，具体如图6-1所示。[1]

长期以来，我国的英语教学大纲将对知识与技能的掌握作为课程目标与任务，这无形中就造成了英语课程过分重视知识与技能教学的状况，忽视了对学生语言运用能力的培养。因此，语言知识不能直接与语言能力等同，而是要平衡语言知识与其他能力的关系。新的教学大纲除了要教授学生语言知识外，还需要教授情感、态度与价值观，以及中西方文化的差异，从而达到拓宽视野、帮助学生形成健康的人生观的目的。

---

[1] 陈宏.第二语言能力结构研究回顾[J].世界汉语教学，1996,（2）：46-52.

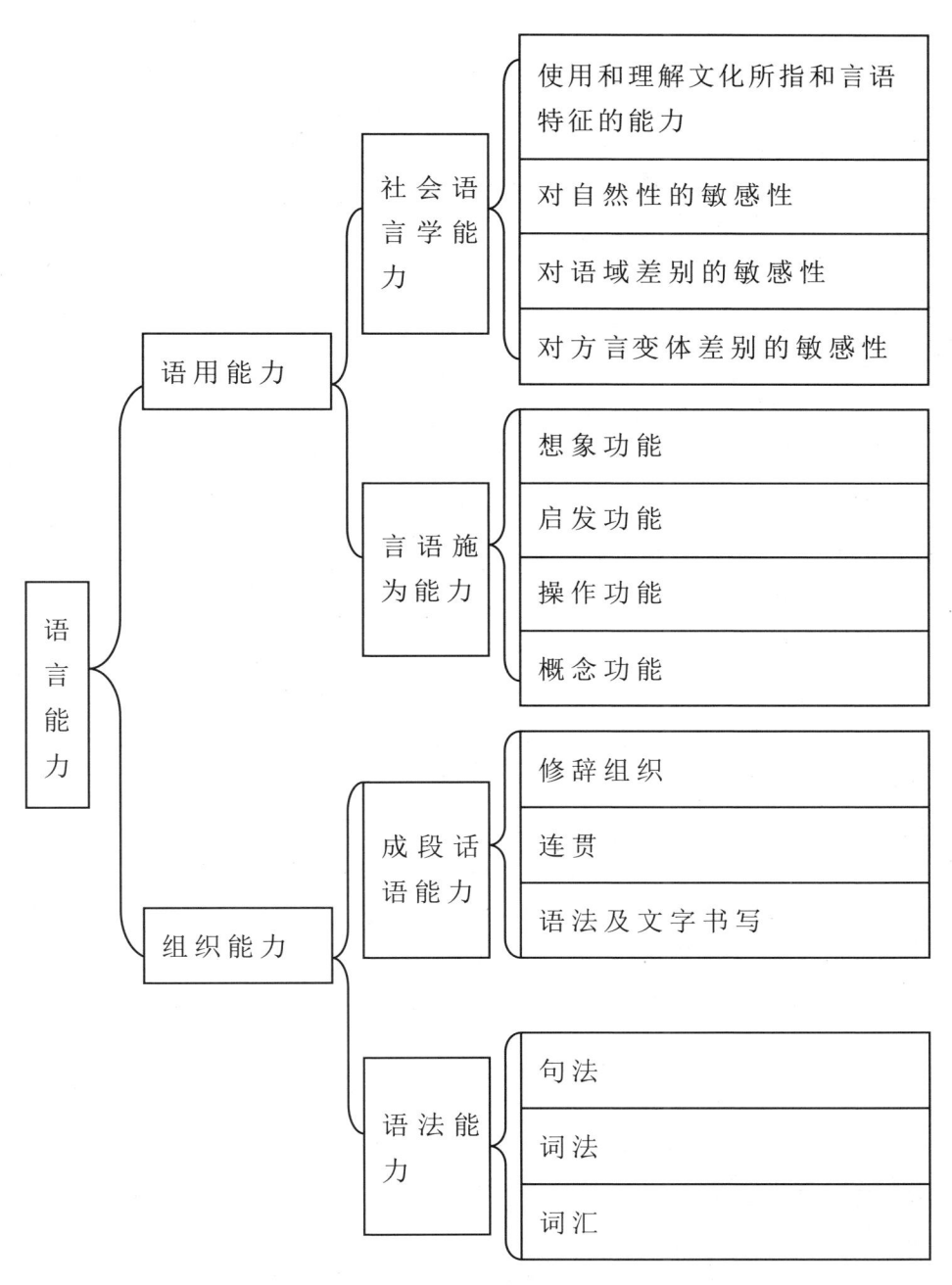

第六章　自主学习策略导向下的英语文化教学法创新

```
                              ┌─ 使用和理解文化所指和言语特征的能力
                   ┌─社会语言学能力─┼─ 对自然性的敏感性
                   │              ├─ 对语域差别的敏感性
         ┌─语用能力─┤              └─ 对方言变体差别的敏感性
         │         │              ┌─ 想象功能
         │         │              ├─ 启发功能
         │         └─言语施为能力─┼─ 操作功能
语言能力─┤                        └─ 概念功能
         │                        ┌─ 修辞组织
         │         ┌─成段话语能力─┼─ 连贯
         │         │              └─ 语法及文字书写
         └─组织能力┤              ┌─ 句法
                   │              ├─ 词法
                   └─语法能力─────┴─ 词汇
```

图6-1　巴赫曼语言能力结构图

（资料来源：陈宏，1996）

（三）英语课程文化品格的理论基础

英语课程是一门语言教学活动，会受到社会文化理论的影响。而语言学对英语课程文化品格的影响主要体现在语言的特征与语言与文化的关系上。

1.英语课程文化品格的课程论基础

英语课程作为一门课程，其必定具备课程的一些特征，而课程与文化的关系决定着英语课程明显的文化品格。

其一，课程的本质。关于"课程"，大致可以划分为如下几种。

课程即科目。

课程即目标或结果。

课程即计划。

课程即经验。

其二，课程与文化的关系。课程作为传承文化的工具性角色的解构，让人们认识到课程与文化之间关系的重要性。从表面上说，将课程作为传承文化的工具似乎并未将二者的关系分离，但是如果深层次去分析就不难发现，将课程作为传承文化的工具实际是将二者作为独立的事物看待。在这里，课程的价值在于它传承与复制文化的功能，但是其自身的文化性被遮盖起来，从而课程的文化性也就丧失了。因此，应该消解人们将课程视作传承文化的工具这一论断，将课程的文化品格彰显出来，这是当前课程研究者的当务之急。

2.英语课程文化品格的社会文化理论基础

社会文化理论这一概念是近些年在二语习得研究中用来对二语习得过程进行阐释的重要理论之一。这一理论的基础是维果斯基（Vygotsky）关于学习的思想以及语言与思维关系的思想。

长期以来，认知语言学与行为主义心理学在二语习得中有着非常重要的地位，其对于外语教学起着非常重要的作用。但是随着研究的加深，很多学者认为这两种理论在某种程度上并未足够重视学生所处的社会文化环境。

第六章 自主学习策略导向下的英语文化教学法创新

此外，社会文化理论指出仅依靠语言知识学习并不能帮助学生实现知识的内化，因为在学生的语言学习中，一些社会文化环境因素也会起到制约的作用。如果这些文化因素得不到重视，那么学生在语言学习中会缺失一些社会文化，从而对外语学习产生重大影响。社会文化理论对于社会环境因素是非常重视的，尤其是重视学生与社会环境因素之间的互动，这些都为外语教学研究提供了新的视角，是二语习得一个新的研究方向。

（四）英语课程文化品格的属性

1.英语课程文化品格的自主性

对英语课程的发展历史进行回顾可知，具有独立文化样态的自主性的英语课程还未出现。英语课程的工具性使其文化性被遮盖起来，从表面上看英语课程也有对文化进行选择与加工的过程，但是这种选择与加工仅仅是从形式上来说的，没有彰显其自主性。

2.英语课程文化品格的建构性

作为一种文化的英语课程与作为一种工具的英语课程是存在着明显的区别的。英语课程的文化品格在其建构性上有突出的体现。工具性取向的英语课程是从静态意义上对英语课程展开的探讨。但是，对事物的辩证性思维告诉人们对英语课程的研究不应该仅限于静态层面，还应该从动态的视角来加以研究，实现动静的结合，这样才能对英语课程进行重塑。

英语课程文化品格赋予了课程动态建构的特征，其将英语视作一个动态的过程，其中包含着各种变化与运动，而不是将其作为一种客观的知识体系对学生展开强行的灌输。

英语课程文化品格的建构性对于英语课程而言意义是非常巨大的。具体来说可以从如下几点理解。

首先，其消解了自身的工具性与预设性，对生成性目标予以强调，这有助于调动学生学习的兴趣和积极性。

其次，其将学生视作一种不确定的存在，非常注重学生的个人经验，并赋予课程动态层面的意义，从而不断扩大英语课程的内涵。

再次，其倡导以学生为中心，突出学生的主体地位和作用，这能够更好地发挥课程主体的主动性与积极性。

最后，其使得英语课程摆脱了僵化的特征，使英语课程实施主体不断拓展充满活力的体验过程。

3.英语课程文化品格的实践性

实践性是英语课程文化品格的一大重要属性，其不仅承担了载体的作用，还是英语课程与其他课程相区别的重要依据。英语课程文化品格的实践性具有较强的自为性表征，如果说一般的社会实践是对改造客观世界的研究，那么英语课程文化品格的实践性主要是为实施主体主观世界的研究。

二、搭建优秀的传统文化交流平台

教师可以运用多种文化资源，如图书馆、博物馆、遗址等，培养学生的民族认同感，并结合校园环境的多重优势，举办讲座，提升学生对中国文化的理解与认知，增强他们的爱国情操。

此外，还可以组织富有中国文化内涵的社团活动，通过这些活动，使学生的校园生活更加丰富多彩，也能够帮助学生更好地感受传统文化的魅力。

三、充分发挥新老媒体的传播作用

在新时代条件下，教师要引导学生运用网络、综合书籍、期刊、网站、电台等多种载体，对宣传形式加以创新，使中国传统文化的传播与弘扬与时代发展的特点相符合，使中国优秀的传统文化更具有生命力。具体来说，可以采用如下几种方式。

（1）创设有内涵的中国传统文化网站。

（2）在校园网中创设传统文化项目，或者可以运用微信平台将文化融入生活之中。

（3）充分运用学校资源，将学校的人文传统发挥出来，开设名家讲堂。

四、提升教师传播中国优秀传统文化的能力

由于当前很多教师的知识结构相对单一，对中国传统优秀文化掌握的并不充足，因此应该努力提升教师的能力。具体来说，主要可以从如下三点着手。

第一，教师应努力学习中国优秀的传统文化。高校也应该鼓励教师不断对知识结构加以完善，对中国文化的发展情况、历史渊源等有所了解，对中国优秀的传统文化形成全面的认识，尤其是对核心价值观的理解和把握。

第二，教师应该不断提升敏感性。高校应该为教师提供出国培训的机会，让英语教师真正地置身于文化交际语境中学习。

第三，教师应该不断提升自身的综合能力，真正地做到以身立教，培养自身的人格魅力，从而与学生展开更有效的互动与沟通。教师还需要具备广泛的心理学知识，对现代教育技术予以掌握，对不同的内容采用与之相适应的教学手段，真正地实现因材施教。

第三节　提升英语文化自主学习能力的策略

一、为学生制作学习单

为了让学生运用自主学习模式，教师可以从具体的内容出发为学生设计学习单，帮助他们从教学大纲出发，开展自主学习活动。在设计学习单的时候，教师应该将学习内容、学习任务等列出来，学生在完成的过程中，要逐渐明确

自己要学到什么，发现了什么问题，从而实现知识的建构。

二、要求学生进行课外自主学习活动

教师应该将教学内容进行分解，将制作好的视频发布到网络上，引导学生制订出符合自己的学习计划。学生一方面可以利用学校提供的平台进行自主学习，另一方面还可以选择学习任务与内容。在选择时，学生应该从自身的知识情况出发，不仅要保证与自身需求相符合，还要保证对新知识的吸收情况，实现新旧知识的融合和内化。

三、组织学生完成课内展示和谈论

学生完成了自主学习之后，教师在课堂上展开教学，当然不是教师主讲，而是教师指导、学生展示学习成果，学生之间、师生之间针对学习情况进行探讨与交流。显然，教师不再是教学的主体，而是充当了指导者的角色。与此同时，学生也能够积极参与其中，成为主动的知识建构者。

当然，课堂教学的形式也多种多样，一方面可以为学生提供展现自我的机会，分享自己对文化知识的掌握情况；另一方面也为学生提供了交流的平台，彼此探讨中西方文化，使他们真正地理解与接受不同文化之间的差异。

第七章 自主学习策略导向下的英语教学评估

教学评估是教学体系中的重要组成要素。通过教学评估，教师可以充分掌握学生的学习情况，进而调整教学方式、方法，以选择适合学生学习的教学模式来引导他们展开学习。教学评估的作用是毋庸置疑的，一直以来都受到人们的关注与重视。在互联网背景下，教学评估这一要素需要与时俱进，结合网络展开评估，体现出新颖性与有效性。本章重点研究自主学习策略导向下的英语教学评估。

第一节 英语教学评估概述

一、教学评估的界定

英语评估是英语教学的重要组成部分，是为及时改进教学方法而获取教学反馈信息的重要手段。通过评估，教师可以了解学生的学习情况，如语言知识、语言技能、学习态度和方法等，从而检查自己的教学质量，总结自己在教学内容、教学方法以及教学进度等方面的经验和教训，发现问题，及时加以改进。通过评估，学生可以了解自己的学习情况，总结自己在学习态度和学习方法方面的经验教训，纠正错误，端正学习态度，改进学习方法，争取更好的成绩。学生参加评估的全过程，从复习、答卷到总结讲评，是学生再学习的过程。应该通过评估使所有学生在原有的基础上都有显著的提高。同其他学科的评估一样，英语评估对学生进行思想品德的教育也有着相当重要的作用。因为严格要求、科学安排的评估将有助于激发学生刻苦好学的进取精神，培养学生实事求是、遵守纪律的良好品德以及谦虚谨慎、一丝不苟的优良作风。

二、英语教学评估的类型

要有效地实现某种英语评估的目的，必须对各种类型的英语评估的性质和作用有明确的认识。从不同的角度看，英语评估可分为以下几种。

（一）根据评估目的区分

成绩评估（Achievement Tests）：成绩评估的目的是检查学生掌握所学教材的情况是否达到教学大纲和教材的要求。试题不能脱离教学大纲的要求，不能超越教学内容的范围。一般学校里进行的评估，如期中考试、学期考试、毕业考试，都属于这类评估。

水平（即熟练水平）评估（Proficiency Tests）：水平评估的目的在于检查应试者的英语熟练程度是否达到进行某种活动的要求，如出国留学、专业培训以及从事某项专业工作所应有的英语水平，等等。评估命题不一定遵循教学大纲，也不受某一特定教材所限制，可根据评估的要求制定考试大纲作为命题的依据，也可作为应试者复习备考的指南。美国的TOEFL（Test of English as a Foreign Language）、我国的EPT（English Proficiency Test）以及专业技术人员评定职称时的外语考试，都属于这一类型。

能力倾向评估（Aptitude Tests）：能力倾向评估的目的不是检查应试者

第七章　自主学习策略导向下的英语教学评估

的现有英语水平,而是判断应试者学习语言的天赋或潜在能力。评估的内容不应是应试者所学的知识,而应是应试者的智能,如学习英语所需的敏感性、模仿力、记忆力、观察力以及逻辑推理、分析比较、综合归纳等思维能力。我国1985—1987年的MET（Matriculation English test）就含有这方面的内容。

诊断性评估（Diagnostic Tests）：诊断性评估的目的在于了解学生在某一方面学习的困难和教师教学上的薄弱环节,以便针对问题采取相应措施,从而改进教学。这类评估题量随需要而定；可以不记分,但应作必要的记录和统计。教师接受一个新教学班时的摸底考试也属于这一性质。

编班评估（Placement Tests）：编班评估的目的在于了解学生英语水平的差异程度,以便妥善地按学生的学习程度分班。试题的区分度要高,这样才便于鉴别学生英语水平的差异。

以上5种类型的评估并非总是彼此孤立、互相排斥的。有时一次评估可兼有两种性质。例如新生入学后的摸底考试既可作为了解学生学习困难所在的诊断性评估,也可作为分班依据的编班评估。有时在一种评估中,可以包含另一种评估的内容。例如,在高校招生考试的水平评估中,可增加一定量能力倾向的评估内容。

（二）根据语言学理论区分

分列式评估（Discrete-point Tests）：分列式评估按照语音、词汇、语法等语言知识和听、说、读、写等语言技能分类编制试题,进行单项评估,如单词释义、动词填空、句型变换等,以便了解学生对某一语言项目的掌握情况。

综合性评估（Integrative Tests）：综合性评估的目的在于测定应试者综合运用语言知识和技能的水平,如听写、完形填空、翻译、作文等。

在一次英语评估中,往往兼有分列式评估和综合性评估两方面的内容。初中阶段多以分列式评估为主,但也应有一定数量的综合性试题。

（三）根据评分方法区分

客观性评估（Objective Tests）：每一试题只有一个正确答案，评分不受评分人主观因素的影响。例如：多项选择、填空和词义匹配等。

主观性评估（Subjective Tests）：一个试题可以有几个不同的正确答案，其正确程度和评分标准取决于评卷人的主观判断。例如：问答、朗读、翻译和写作等。

（四）根据参照对象区分

常模参照评估（Norm-referenced Tests）："常模"是指同一批被测者在该次评估中成绩的一般情况或平均水平。这类考试的目的在于测定应试者之间英语水平的差异。因此，单看某一应试者的成绩，是无法确定其意义的。只有将每个考生的成绩与全体考生成绩的平均水平（也就是"常模"）进行比较，才能确定其优劣。入学招生考试就是一种常模参照考试。

标准参照评估（Criterion-referenced Tests）：标准参照评估是以一定的标准（例如教学大纲）为依据，检查学生是否达到既定的标准，从而判定优秀、良好、及格、不及格等级别，而不需要与其他考生成绩作比较。学期考试、毕业考试就属于这一类型。如某一考生的成绩为百分制的60分，就达到了及格的标准，不需要考虑其他考生的成绩如何。而在常模参照评估中，60分的成绩如不与其他考生成绩做比较，孤立地看就无法判定其优劣。如果该次评估，常模平均分为40分，标准差为10，那么60分的成绩则在优秀之列；反之，如果常模平均分为80分，标准差为9，那么60分的成绩则属于劣等。

（五）根据评估方式区分

口试（Oral Tests）：口试主要检查考生听、说、朗读的技能和口语交际能力。

笔试（Written Tests）：笔试主要检查考生的语言基础知识和书面运用英

第七章　自主学习策略导向下的英语教学评估

语的能力。

（六）根据评估要求区分

能力评估（Power Tests）：能力评估的目的在于了解应试者掌握英语知识和技能的情况，只了解是否懂或者会，而不要求其熟练程度。考试时间较充分。诊断性评估多属于这一性质。

速度评估（Speed Tests）：速度评估的目的不仅要了解应试者是否掌握某项语言知识和技能，而且要了解其掌握的熟练程度。因此题量较大，而且考试时间有严格的限制。

（七）根据评估规模区分

大规模评估（Large scale Tests）：这种评估由专门机构和专职人员负责组织实施，规模大，正规化程度高。目的在于供有关方面选拔人材或评定被测人员的水平。美国的TOEFL、我国的EPT和MET以及各级教育行政部门组织的"统考"均属于这类考试。

课堂评估（Classroom Tests）：这种评估规模小，由教师自己命题组织实施，如期中、期末考试等。

以上分类是从不同角度出发所产生的不同评估名称，因此同一评估可以具有不同的名称。例如MET，从评估目的看是熟练水平评估；从语言学理论看是分列式与综合性相结合的评估；从评分方法看是客观性评估为主兼少量的主观性评估；从评估成绩的参照对象看是常模参照评估；从评估方法看，目前对非英语专业的考生是笔试，对英语专业的考生是笔试与口试两种形式兼用；从评估要求看是速度评估；从评估规模看，是大规模评估。如果进行一次以了解学生对被动语态掌握情况为目的的小评估，则应分别属于诊断性评估、分列式评估、客观性评估（各题的答案均限于一个）、标准参照评估、笔试、能力评估、课堂评估等不同的范畴。

三、英语教学评估创新的原则

（一）主体性原则

所谓主体性原则，即英语教学评估主体需要考虑教学价值主体本身——学生的需求，对教学价值客体进行评估。

当前的教学强调有效教学，即发挥学生的认知主体地位，因此教学评估的对象需要从以教师为主导转向以学生为主体，对学生学习情况的评估内容与手段应该从单一转向多元，如对学生学习动机、学习兴趣等都可以进行评估。基于此，教学评估的对象才能转向学生，当然这里并不是说不对教师进行评估，只是说以学生的评估为着眼点，创造更多适合学生学习的环境，且对教师的评定标准也是考虑学生来制订的。

在学习中，学生处于主体地位，但是传统的英语教学评估仅将教师作为核心，认为教师充当的是教育主体的地位，是知识的灌输者，而学生仅是知识的被动接受者，这样导致教学评估主要针对教师来做，评估的内容也主要是教师的教学情况。表7-1是一个典型对教师评估的体现。

表7-1 教师课堂教学评估表

项目	内容	权重	得分
教学目标	（1）是否体现明确的教学目标、教学大纲、教材的特点，是否与教学实际相符 （2）是否落实了教学知识点，是否培养了学生的能力 （3）是否将德育教育寓于知识教育之中	15	
教学内容	（1）教材的处理是否恰当，是否突出了重难点，是否突破了重难点 （2）教学组织是否有条理，是否简明扼要，是否准确严密，是否难度适中 （3）教学训练是否定向，是否有广度，是否保证强度适中	25	

第七章 自主学习策略导向下的英语教学评估

续表

项目	内容	权重	得分
教学方法	（1）教学的设计是否得当，是否体现了教学改革的精神，是否处理好主导与主体之间的关系问题 （2）教学是否有合理的结构，是否做到教学方法的灵活性，是否将各个环节分配恰当 （3）教学是否有开阔的思路，是否采用现代化的教学手段，是否能够将学生的学习兴趣激发出来 （4）教学是否注重学习方法与学习习惯的指导	25	
教学基本功	（1）教学中是否运用了清晰、生动、规范的语言 （2）教学中是否保证书写的清晰与特色鲜明 （3）教学中是否有自如的神态，且保证大方得体	15	
教学效果	（1）教学中是否保证热烈的气氛，是否给学生留下了深刻的印象 （2）教学中是否能够面向全体同学，是否完成了教学任务，是否实现了良好的教学效果	20	
综合评估		总分：	等级：

（资料来源：任美琴，2012）

显然，从表7-1中可知这类评估主要是评估学生能否接受教师传授的知识以及接受的程度；评估学生的学习情况来对教师的教学内容与教学方法的合适程度进行审查；评估教师的学习策略是否得当等。简单来说，这种教学评估是为教师服务的，并没有展现出学生的主体地位。

（二）过程性原则

英语教学评估应该坚持过程性原则，这主要体现为两点。

其一，要全程性，即评估要在学生学习的全过程得以贯穿。

其二，要动态性，即对发展过程加以鉴定、诊断、调控等，对整个过程的发展方向加以把握。

英语教学评估对于过程评估非常关注，正是这一点，有助于提升学生的学习兴趣，增强学生英语学习的动机与主动性，从而有助于他们的自主学习。

第二节　自主学习导向下的英语教学评估方法

一、评估进步

教师如果以促进自主学习为目标，就必须采取一些方法来评估学生在自主性方面所取得的进步。虽然很难区别学习自主性进步和语言学习进步，但是我们还是可以在一些具体项目上进行评估。这些具体项目的评估最好在语言学习过程中进行，而不是通过抽象的评估来评估学生解决问题（或决策）的能力。例如，教师可以关注以下方面：（1）学生反思学习的意愿；（2）学生评估自己进步的能力；（3）学生独立完成任务的能力。

二、自我评估

衡量学生的学习效率关键在于他/她是否能正确评估自己的语言运用能力（指理解和表达能力），即是否能满足目前和未来的学习和交际环境要求。无论是在真实的交际环境下进行的语言训练，还是课堂语言练习，学生都必须能正确判断自己的语言运用能力。学习效率高且投入时间少的学生都能正确判断自己在某一方面的语言运用能力是否能满足学习或交际任务要求。如果学生的语言运用能力尚未达到要求，却自我感到满足，那么他/她的外语能力就会停滞不前，语言使用的规范性也会受到影响。相反，如果学生追求尽善尽美，那么他/她的进步程度无论在范围或数量上都会受到局限。判断自己的能力是否充分是自我评估的一种方式。

（1）自我监控与自我评估：实际上，自我监控与自我评估是相同的过

第七章　自主学习策略导向下的英语教学评估

程，即用显性的或隐性的标准来判断一个人的语言运用能力，二者只有范围和时机上的差异。自我监控是对短时间内正在发生的语言活动进行判断，而自我评估则是在长时间进行的语言活动过后进行的判断。自我评估要建立在自我监控的基础上，因此也包括了自我监控。

（2）自我评估与教师评估：到目前为止，我们常常认为评估是教师或者其他权威人士的专利。这种想法很自然，因为评估者需要精通目的语，而且还需要有能力判断受评估者的语言运用能力在多大程度上接近评判标准。此外，评估也与某个机构内部的重要决策有关，如学生该归入什么班级，是否可以进入下一个学习阶段，或者是否应该给学生颁发证书，认可其外语水平。就这方面而言，有前面的想法的确无可厚非。教师还有另外一种责任，即帮助学生更好的进行自我评估。其实，绝大部分教师都以不同方式承担过这种责任，只不过没有人明确指出而已。学生如果能进行自我评估，就会越来越擅长对自己的语言运用能力做出评判。

（3）形成性评估与终结性评估：绝大多数评估指的是认可学生的学业成就，或者在学生未达到学业要求时，不认可他们的学业成就。这种评估通常和这样一些概念联系在一起，如"奖励""证书""候选人"等等。这就是终结性评估，即依据事先制订的标准对学生的学业成就给予公开的认可。这种标准通常与某种考试或证书联系在一起。但是，课堂中进行的评估主要是与学习过程有联系，表明学生在何种程度上达到了某种要求。这就是形成性评估，自我评估就属于此类。

（一）自我评估分析

高效率学习的一个重要因素是，有能力判断自己的语言运用能力是否能满足学习和交际任务的要求。这种"判断能力"包括建立适当的标准，可能是显性标准，更可能是隐性标准。学习者根据具体情况，决定自己可接受的最低标准。例如，这种标准可能包括记住某个短语的意思，或者根据"语感"判断这个短语（或其他短语）的正误。另外，这种标准可以描述为获得预期的反应，既可以是语言反应，也可以是非语言反应。比如说，它可以是超语言反应：学生也许会留意听者的表情，以此来判断自己的信息传递是否成功。标准可以是非常不正式和非常普通的。但是，对标准分析得越多，在推动学习的过程中自我评估就可能起到越大的作用。如果学生的表现尚未达到标准，那么对存在的问题分析得越多，学习效果可能就越好。

自我评估可以包括以下方面：
（1）开展自我评估的意愿和积极主动性；
（2）不满意未达标准的表现，而不是冷漠处之；
（3）建立内在标准，不管是自己建立的，还是参考得到的标准；
（4）根据标准衡量自己的语言运用能力；
（5）进行自我评估的信心；
（6）意识到自我判断能力以及判断的准确性也许存在局限性。

到目前为止，我们只探讨了与目的语学习有关的自我评估。但语言学习者认为，很有必要评估他们的需求，这样才能判断某些学习目标的重要性。此外，学生应经常对学习策略进行评估，包括评估选择某个策略的原因，评估某个策略对自己的用处，以及评估自己使用这一策略的效率。

（二）自我评估的培训程序

学生会自然地把自我监控和自我评估当作学习过程的组成部分。自我评估的培训工作会将自我评估具体化，并且让学生明白其合理性。自我评估具体化意味着让学生理解自我评估是学习过程的一个组成部分，他们使用的自我评估技巧、采用的评估标准及其应用均可以通过这种方法得以改进。让学生明白自我评估的合理性，就是要让他们明白自我评估是一个有效而且有用的活动。

1. 训练对程度较差的学生进行评估

这种训练可以利用各种各样的材料。最保险的、也许最有用的就是学生过去的学习档案，也称作"固定不变的资料"。学生可以把自己以前交际活动的录像与最近的录像资料或者现场学习活动情况进行比较，分析其中的差异。

另外一种办法是对程度较差的学生的学习档案资料进行评估，也可以让

第七章　自主学习策略导向下的英语教学评估

评估者来帮助程度较差的学生。这种方法更为大胆，但对两种学生都会很有好处。在以上方法中，分析存在的问题将使训练更为有效。为了进行对比，学生需要一个对照目录。学生为了一起设计对照目录，就得进行讨论，而这样的讨论非常有益。这一切其实都是非常好的学习机会。不过，这种活动要花大量时间才能完成。

2. 同伴相互评估

一种常见做法是互换试卷打分和互评小测，但是对学习者培训工作而言，这种做法意义不大。不过，让学生开展货真价实的互评活动，却可能对自我评估的培训工作很有帮助。然而，这是一个有风险的过程，教师必须确保课堂的动态环境适合使用这种方法。学生可以使用针对先前的学习活动所制订的评估表，或者制订新的评估表来详细说明评估交际活动的标准。

这么一来，学生就可以在观察班级角色扮演的活动中，运用这些标准来进行评估。通过制订这些标准和随后开展的讨论，将这些标准运用到评估其他学生的活动中，并证明运用这些标准进行评估的合理性，这样应该能够让学生对这些标准有清楚的认识，并且帮助学生理解如何将这些标准运用于自我评估活动中。

3. 自我评估

学生开展自我评估的一种障碍是缺乏自信，认为自己无法进行自我评估（尽管他们其实一直私下里以非正式的方式进行自我评估）；另一个障碍是，他们没有意识到自我评估是一个非常合理的活动。因而，教学过程中两个重要的目标是：说明开展自我评估的合理性，让学生参与实践。为了实现这两个目标，教师可以经常给学生提供机会，让他们进行非正式的自我评估，并尽快给学生反馈。还可以使用一些简单的方法，如鼓励学生在口语活动中改正自己的错误（给他们足够的时间来进行这样的活动），帮助学生养成一种良好的学习习惯；完成书面作业后，对自己没有把握的表达方式或其他内容进行评论。

还可以采用一些较为正式的自我评估方法，例如，Clark提出的学习记录卡（Clark 1987）。学习记录卡中列出的是与课本内容相关的一些短期目标，分"学生"和"教师"两栏。对学生的要求是：在"学生"栏中对自己认为能够进行的每一种语言活动打钩标示，一旦证明自己能够进行这样的活动之后，让教师在"教师"栏中相应的位置打钩做记号。所谓（初级水平的）"语言活动"可以包括如"表达自己听不懂并请求对方重复"和"在商店询问购买普通食品和饮料"等活动。

三、学生日志

学生日志（或日记）是大多数自主学习教学的主要特征，使学生和教师能追踪学生的学习过程。如果学生个体（或小组）可以在指定的任务范围内进行选择，甚至可以开展不同的项目活动，学生日志就显得非常重要。如果学生既不总在同一个小组中活动，也不总和固定的同学结对活动，学生日志就显得更为重要。总的来说，教师似乎认为，学生一学年中和越多同学合作越好。

日志的使用能鼓励学生对自己的学习进行反思，从而学会如何学教师从日志中可以看出自己对某些活动的态度，并及时了解自己所取得的进步。

（一）日志的格式

有时学生日志只不过是练习册，学生可以定期在里面做些记录。这种方式的缺陷是学生难以整合或者提取日志中的信息。如果能把日志保存在活页夹里，并加以分类，可能会产生更好的效果。在早期阶段，学生需要获得教师的帮助才会懂得如何在日志中突出重点，如何以正确的方式向自己提问题。教师给初学者和基础阶段的学习者提供现成的问卷和核对表不失为一个好主意。这种方式可以帮助学生把自己的想法组织起来，使他们能更容易地用目的语记日志。

学生最好主要用目的语记日志，或者只用目的语记日志。学生必须在使用目的语的过程中学习目的语，因此他们在讨论任务时必须用目的语。实际上，学生在描述自己对某些体育或休闲活动的感受时，不会觉得有任何困

第七章　自主学习策略导向下的英语教学评估

难。同样，他们在描述自己对某一任务或文本的态度，或者自己在语言学习某一方面的进步时，也并不觉得很难。如果说有点困难的话，那就是他们可能缺乏相关的目的语词汇。因此，关键在于必须向学生提供掌握相关词汇的机会，而日志写作正是一种机会。因为，在很大程度上，日志写作所需的词汇也正是许多课堂活动的必备词汇（例如，协调项目活动的组织和执行工作，或者和教师商讨如何选择家庭作业）。

教师必须和学生讨论学期或学年的学习目标，而且还要将这些目标写在日志的开头。由于学生很难根据笼统的目标来评估自己的进步，因此必须向学生提出主要技能（听、说、读、写）的具体要求。当然，学生可以根据自己的特别需要，对这些学习目标进行调整。

例如，一个中级学习者的写作目标可以包括：能够详细描述一个过程（一个游戏怎么玩，一台机器或一个系统怎么运转，某件东西怎么制作等），目的是为了更容易理解事情发生的顺序、原因和过程；能够写简历；用适当的格式；用适当的词汇和词组；确保经过适当的检查和编辑，消除拼写和语法错误。

为了促进课堂活动的管理工作，可以给学生一张任务核对表，让学生在本学期内自行检查任务完成情况。例如：

第三学年，第二学期，听/说的技能。
主要任务：参加小组活动、编写并表演短剧（5至10分钟）。
或者：参加小组活动、编写并录制广播节目（节目可以包括音乐，但必须至少有5分钟的谈话时间）。
其他任务：
就本学期读过的一个话题向全班发表一个3分钟的讲演。
教师提出新话题，或者介绍一项新活动时，为自己小组做笔记，至少一次；至少负责部分项目活动的计划工作；本学期至少做四次理解。

其他需要检查的项目可以和学年的学习任务有关，可以包括语法和词汇等知识，但不包括具体任务。例如，词汇检查项目可以包括重要的话题范围。学生完成和某个话题有关的项目活动或任务，或者阅读完相关文本后，就可以在这个话题前的方括号中打钩。另外，教师可以要求学生对他们掌握的知识进行评估，如掌握了多少词汇，也可以评估他们用这些词汇完成的任务。

除了评估学习目的、目标和任务外，日志还应评估学年中开展的所有项目活动和其他主要语言学习活动。还有，在最初阶段，教师要帮助学生在日志中关注重要的任务和活动，提供一套问卷题目，了解学生的态度（同意或反对）。教师还要向学生提供标准的评估方式，并要求学生在任务开展之前、过程中和结束时发表评论。这种评估方式也包括学生对自己成绩的评估（如果他们的学习任务得到评估的话）和对教师评语的评估。应当鼓励学生把每一个评估当作一次机会，不但要找出差距，还要构思一些新的学习目标，并在相关的检查表上做记号。

一份典型的学生日志可以包含以下四个部分：

（1）学期或学年的语言学习目标列表，以及四项技能中每一项的具体目标列表。

（2）所有学生在学期或学年内要完成的任务列表，学生开展独立阅读活动的记录。

（3）课堂活动日记，其中包括日常活动、家庭作业等的记录，以及对正在开展中的活动的评论。

（4）项目活动和其他主要任务的评估表。

日志可以安排在课内写，也可以布置成家庭作业，或者作为可供学生选择的家庭作业。

（二）评估和学生日志

日志不仅可以帮助学生进行自我评估，教师也可以根据日志来评估学生在自主学习方面所取得的进步。

教师可以对学生的日志进行一般性评估：学生是否努力以适当的方式撰写日志，是否经常增添新内容，是否自觉地完成所规定的任务等。然而，教师要每年一次或两次特别注意学生是如何将他们在日志中发表的评论应用到实际任务中去。例如，可以采用以下方式：

第七章　自主学习策略导向下的英语教学评估

（1）要求学生完成一项作业或者自选的简短项目活动。教师要求学生先回顾他们的日志，然后写出一份他们在计划任务（需要训练的技能，需要掌握的语法或词法知识，以及还未完成的任务等）时必须特别注意的事项列表（可标为表A）。接着，要求学生写出这项任务要达到的学习目标（可标为表B）。

（2）任务完成后，学生必须评估自己的工作，看看是否达到预定目标。然后学生根据任务的进展情况（或者他们意识到的问题），列出日志中需要修订的目标（可标为表C）。

教师通过检查表A、表B、表C和任务（或者日志）的相关性，就能从以下角度评估学生的学习状况：

目标对学生需求的合适度；

从实现目标的角度来看任务的适合程度；

学生对自己表现的自评是否恰当、准确。

这一评估过程可能要求教师承担许多工作，特别是如果教师决定检查学生日志的话。然而，评估工作可以错开，每次只安排一至二个学生小组开展活动。这项活动能为学生提供颇具价值的学习机会，因为它鼓励学生以系统的方式使用日志，反思学习目标以及实现目标的手段。

（三）计划和解决问题

教师也可以评估学生处理任务的方法：对教学要求的理解程度以及估计和容忍困难的程度。概括地说，也就是评估任务设计得好不好。从更小的程度上说，也可以评估学生在完成任务过程中监控进展的程度。

这种评估可以在项目活动的框架内进行（不管是个体、结对子还是小组活动），要求学生提交一份详细计划，作为项目准备工作的一部分，并对这份计划进行单独评估。在项目活动过程的几个阶段，要求学生报告最新进展情况。这些报告可以以书面或口头的形式提交，由教师根据学生对自己进步的自评进行评估。

另一种办法是，要求学生准备一份"如何完成任务"的列表，例如，"起草正式信函的要点""如何检查书写作业错误""如何阅读难度较高的文本"，或者"如何准备讨论会中的口头发言"。学生提交列表，过了几天或一周，教师要求他们开始某项活动，并敦促他们在活动过程中提交大致的工作进展报告和活动笔记。当然，活动完成后，他们还得提交最终报告。教师可以根据"如何完成任务"列表中的提示，评估学生对知识的掌握，还要根据学生的活动进展状况和实际表现，评估他们对知识的应用程度。

虽然教师对制订评估标准和给学生打分有最终决定权，但是在评估过程中师生之间仍然有协商的余地。

例如，教师有时可以和学生商量某项任务的评估标准，然后再根据达成共识的标准来给学生打分。这种做法很有价值，因为学生通过对评估标准的讨论，能更好地理解评估标尺和基本原理。换句话说，就是理解对他们的要求以及为什么如此要求。还有一种办法能帮助学生发展自我评估技能：教师可以给学生一张空白成绩单，要求他们根据每一项标准评估自己的工作，而后教师在学生所写的分数和评估旁边写下自己的分数和评估。

评估的目的是为了促进教学，不是为了编班或评成绩，因此评估标准要有针对性，才能有效地帮助学生。例如，在写作教学中，一些学生在单词拼写和语法方面有优势，针对他们的评估标准就要强调写作风格；一些学生的语言知识较弱，针对他们的评估标准就要强调单词拼写和语法知识。

同样，教师可以和学生一起讨论评估标准，帮助他们制订实事求是的目标。这一点对学习成绩差的学生来说尤其重要，因为他们一直没能达到预定目标，不知道该如何做才能成功，所以很难获得成就型动机。例如，在教师的帮助下，一些学生可以发现自己哪些任务能完成得最好，就可以针对这些任务定出相应的标准。对每个学生来说，无论完成的是什么任务，只要能尽最大努力发挥自己的能力，就可以得到满分的结论。

正如Dam和其他人所指出的那样，促进自主学习可能是一个漫长而艰难的过程，尤其对教师而言。教师很难"放手"让学生自己去学，很难对学生相信到允许他们"掌控"自己的学习。但即使有风险，这些风险都值得去尝试，因为潜在的回报实在相当大。强调自主学习并不一定会导致忽略语言学习的内容和方向，或者对实现学习目标采取比较不负责任的态度。教师并不是在推卸责任，而是和学生共担责任。这种教学方式能增强学生的自信心，使他们能以更有效的方式进行学习。同样，在这一过程中，教师也会变得更加自信，从而开展更有效的教学活动。

四、信息化教学评估

（一）信息化教学评估的理念

随着教学评估研究的进展，当前的学习评估在理论和方法上都已呈现出多元化的趋势。各种学习评估新理念，如发展性评估、真实性评估、多元化评估、动态性评估、后现代主义评估等越来越受到关注。

1.发展性评估理念

发展性评估由形成性评估发展而来，它是根据一定的教学目标，运用适当的技术和方法，对学生的发展进程进行评估解释，以帮助学生在学习过程中不断认识自我、发展自我和完善自我的评估活动。该理论认为，教学评估要尊重和体现个体差异，以便激发学生的主体精神，促进每个个体最大可能地实现自身价值；评估是与教学过程持续并行而且同等重要的过程，它贯穿于教学活动的每一个环节，是教学活动的有机组成部分，其目标是为了促进学生发展，而并不仅是为了检查学生的表现。因此，发展性评估更加强调以人为本的思想，重视通过评估来发现人的价值、发掘人的潜能、发展人的个性、发挥人的力量。

2.真实性评估理念

真实性评估（Authentic Assessment）是20世纪80年代末在美国兴起的一种新型评估方式，它要求学生运用所学的知识和技能去完成真实世界或模拟真实世界中一件很有意义的任务，并试图用接近"真实生活"的方式来评估学习的成就水平，任务完成的绩效主要通过依据学业标准制订的评估量规来进行评定。真实性评估是对标准化评估方式的有效补充，根据实际需要，教师可以在教学过程中交替使用这两种方式开展学习评估。目前，真实性评估已逐渐从教学评估的边缘走向中心，并成为信息化教学评估的重要理念和方式。

3. 多元评估理念

现代智力研究成果认为，学习能力是多方面的，不同的学生可能擅长以不同的智力方式学习，其知识表征与学习方式有许多不同的形态；学生在意义建构活动中表现出来的并不是单一维度的能力，而是多维度能力的综合体现。因此，应该通过多种评估手段来衡量不同的学生，应该针对学习的不同维度进行综合评估，以便全面反映学生的学习状况和学习成果，并给学生以多元化、弹性化、人性化的发展空间。

4. 动态评估理念

动态评估理论源于苏联著名心理学家维果茨基的社会发展认知理论。相对于传统评估只提供学生在单一时间点上的测验表现或成就信息的相对静态化评估来说，动态评估能够统整教学与评估过程，它兼顾过程与结果，兼顾普遍现象与个别差异，并通过师生间的双向沟通与互动关系，同时考查认知潜能和学习迁移能力，因此，可以评估与预测学生最佳的发展水准。

（二）信息化教学评估的方法

信息化学习环境既为学习者提供了丰富的资源、技术和活动平台，同时也为评估创新提供了技术支持。信息化教学评估关注学习过程，强调评估的多元化。除传统的评估外，电子评估系统中电子学档的评估、表现性评估、概念图评估等都是信息化教学常用的评估方式。

1. 电子评估系统

一个完整的电子评估系统，实际上就是将计算机应用于传统的测验全过程。其工作流程包括题库建设与管理、智能组卷、考试、评卷、试题分析（包括试卷、试题和学生分析）等环节。试题分析的结果，一方面对下一轮的教学提供参考；另一方面要对原题库不合适的内容进行修改、增加、删除等调整工作，从而构成一个循环过程。

第七章 自主学习策略导向下的英语教学评估

（1）题库建立和维护

题库是按一定的教育测量理论，在计算机系统中实现的某门课程试题资源的集合。当前，题库既可以在独立计算机系统中实现，也可借助网络技术形成网络题库。一个题量充分且经过精心组织的试题库是整个系统的基础，它决定了系统可能考试的科目和题型，还包含考试的全部试题及试题的所有相关属性（如知识点、分数、题干、选项、答案、难度系数、区分度系数、知识点等）。因此，在电子评估系统中，题库一般要事先建立，而且要能根据实际需要对题库中的试题进行添加、编辑、删除和查询等。

（2）智能组卷

首先根据评估目的，教师通过浏览器输入相应的组卷参数（如题目数量、总分、平均难度、平均区分度、参加考试的学生等）；然后系统按一定的组卷策略自动从试题库中抽出相应试题，组成符合要求的试卷。另外，为保证所选试题能满足教师的特殊需要，电子评估系统还应支持教师的手工组卷，即教师逐个选择所需题目，组成试卷。

（3）评估过程控制

评估过程控制主要是完成对电子评估过程的控制，如远程实时监控，在需要时锁定系统、不允许学生进行与评估无关的浏览、控制评估时间、到时自动交卷等。

（4）试卷评阅

阅卷评分分为自动阅卷评分和人工阅卷评分，自动阅卷评分是针对客观题，如选择题、填空题、判断题等，学生完成考试后，由系统自动评分并将分数记录到数据库中；人工阅卷评分是针对主观题，如名词解释、简答题、论述题等，学生结束考试后，由教师在线阅卷评分，并记录到数据库中，再将客观题分数和主观题分数相加作为学生的总分记录到数据库中。

（5）评估结果分析

评估结果分析包括各学生成绩分析、所组试卷分析和题库中各试题的分析等。其中，学生分析是针对某个学生在某门课程的各次考试成绩进行的分析，包括其总得分、各题型得分、本次考试的平均分等；试卷分析是针对每一份试卷进行的，包括每份试卷的平均分、最高分、最低分得分分布情况，整份试卷的信度和效度分析等；每一试题的分析则包括使用次数、答对人数、实测难度、实测区分度等。

（6）学生成绩和分析结果的报告

电子评估系统一般能对客观题测验进行自动评阅，并实现对答题情况的即时反馈。而对于主观题，则是先提供即时的参考答案，待教师评阅完成后再给予具体答题情况和得分的反馈。

2.表现性评估

（1）表现性评估的内涵

表现性评估既可以评估学生在完成表现任务过程中所表现的行为与心理过程，也可以评估表现性任务中所涉及的内容和完成任务的结果。其核心在于被评估者所执行的表现性任务与评估目标的高度一致性。它不仅将综合思考和问题解决联系起来，而且还让学生在合作中解决真实性或与现实生活相类似的问题，从而使教学更具有现实意义。比如，要评估学生某一计算机应用方面的能力，就应该让学生利用计算机来完成相应的设计或实践任务，在任务完成过程中观察学生的各种表现和结果，而不是让学生在试卷上回答操作步骤、程序方法等。作为一种新型评估方式，表现性评估与传统测验的区别主要体现在任务真实性、复杂性、所需时间和评分主观性等方面。

（2）表现性评估的应用设计

①明确评估目标和标准

首先要根据课程标准和教学内容来构建评估目标和标准。所确立的评估标准要明确、简洁和可操作，而且还要尽量让每个学生都熟悉并能正确理解目标要求和标准量规。

②选择评估重点

按评估的重点不同，表现性评估可分为侧重过程和侧重作品两种。一般来说，如果表现性任务没有作品要求或者对作品进行评估不可行时，主要侧重对学习过程开展评估，如难以评估作品或评估作品的成本和代价过高。操作过程具有一定的顺序并可直接进行观察，正确的过程或操作步骤对后续学习或活动的成功至关重要，对过程的分析有助于提高结果的质量等。同样，在某些表现性任务中如果对结果具有明确要求，而且结果比过程更值得关注时，通常以学习作品作为评估重点。

第七章　自主学习策略导向下的英语教学评估

③设置表现性任务

表现性任务的选择对学生来说应具有一定的新颖性和挑战性。要选择那些学生比较熟悉的生活情境或现实问题，以便要求学生在具体情境中综合运用他们所习得的知识和技能。任务设计不仅要对学习目标、评估标准任务结果、建议策略等做出具体说明，而且还要明确完成任务的时间要求与支持条件。另外，任务设计必须切实可行，要保证学生能有足够的时间、空间材料和其他资源完成任务，而且为完成任务所需的知识和技能都能在学习过程中获得。至于任务数目的多少，则主要取决于评估的范围大小、目标的复杂程度，以及完成每项任务所需的时间和可用的资源等因素。

④收集信息资料

在日常教学中对学生的观察往往并不系统，而且缺乏对观察结果的正规记录。因此，难以为评估学生的复杂表现提供全面、客观的信息。表现性评估是在具体的任务情境下来观察和记录学生的表现和结果，它通常需要使用行为检核表或评估量规表等观察并记录学习过程的系统化信息，并且与日常教学中的非结构化观察有机结合，以保证既能收集到与评估目标直接相关的信息，也能收集其他有价值的信息和资料。另外，必须正确定位教师在表现性评估中的角色。教师在表现性评估活动中不再只是"权威"，而且更应成为学习评估活动的促进者、指导者、管理者及任务开发者。

⑤形成评估结论

在形成评估结论时，应参考多种评估资料，从多维度、多层次对学生的表现进行综合评估；定量评估和定性评估相结合，既要关注学习过程，也要关注学习结果。表现性评估鼓励学生本人参与评估过程，将个人自我评估与小组相互评估相结合，以促进学生的自我反思和提高。

根据学生的表现，参照评估目标和标准，结合学生自身的因素和环境因素，以发展的观点指出学生的优势和不足，并提出有针对性的改进建议。作为教师，应当从表现性评估中认识到教学已经取得的成果和存在的不足，不断改进教学。

（3）评估实施及判分建议

如果时间允许，可以让学生实际开展研究和有关技术实践，并针对学生在不同阶段和不同环节上的表现进行评判；也可以通过纸笔评估方式，要求学生制订详细的研究计划，并对计划考查的各环节的技术操作进行详细解释。

对于学生的实际操作，可根据学生在不同阶段和不同环节的实际表现依次制订评估标准并判分，最后累计学生在不同阶段和不同环节的表现得出总分：首先，判断学生是否"会发邮件且会提交附件"；其次，针对其提交的研究计划、研究报告和幻灯片分别制订评估标准并分别判分；最后，根据学生在上述方面的表现，测查学生在"信息搜索""信息评估与甄别""利用文字处理软件撰写研究报告""制作演示文稿"等方面的能力。

如果希望考查学生活动过程的质量，可以围绕学生在活动过程中的规划意识和规划能力、信息技术应用水平（包括信息作品创作过程中的个性和创造性）、学习态度和参与意识、投入程度、交流能力与合作精神、问题解决能力等制订面向活动过程的评估指标。

3.教学评估量规

（1）评估量规的内涵

量规作为一种学习评估工具，是用于评估、指导/管控和改善学习行为而设计的一套评估标准。它通常表现为二维表格的评分细则形式，并为学习过程、学习作品或其他学习成果（如一篇文章的观点组织、细节、表达等）列出具体的评估细则和标准要求，明确描述了每个准则从优到差不同水平的等级得分。从量规的功能形式使用方法等方面来综合理解，可以将学习评估量规界定为：根据教学目标要求从多个维度对评估标准和等级划分进行具体描述的说明性工具。

在信息化教学评估中，量规可广泛用来评估学生在学习过程中的认知过程、行为表现、问题解决能力、学生作品或学习成果以及情感态度和价值观等。其教学应用意义主要表现为3个方面。

量规依据教学目标要求从多方面详细规定相应的学习评估指标，它基本定义了什么是高质量的学习，可以有效降低评估的主观性和随意性；教师依据它评定学生学习过程和结果，学生也可以参照量规开展学习自评或同伴互评。

量规可以向学生清晰描述教师的期望，并能向学生说明怎样才能达到这

第七章　自主学习策略导向下的英语教学评估

些期望。当学生利用量规来评估自己的学习活动和作品时，他们会对自己的学习更具有责任感，有效地减少了学习的盲目性。

量规运用可以大大提高评估效率，并使教师更容易向学生解释为什么获得某个等级分以及怎样做才能获得提高等。通过参照学习评估量规，学生也可以获得更多关于自我学习过程的反馈信息。

（2）评估量规的设计

随着信息化教学的发展，越来越多的教育工作者开始了解并熟悉评估量规，并已经开发了许多可供直接使用的量规资源，如《信息化教学——量规实用工具》一书中就提供了信息化教学评估的实用量规集锦。但为了更好地反映课程和教学的特点，教师仍需要经常自己设计学习评估量规。

①评估量规的设计原则

一致性与科学性原则。量规要与教学目标或学习目标保持一致，而不应游离于目标之外。量规设计要讲究科学性，必须符合信息化教学的原则和理念，不能仅凭已有经验进行开发。

系统性原则。量规体系应具有整体性、联系性和层次性，要能对评估对象进行全面的衡量。当评估对象处于更大的系统中时，应注意它与周围情境的纵横联系。

开放性原则。信息化学习包含诸多因素，内容复杂，不可能用一成不变的量规体系来框定。因此，量规体系必须是开放性的，评估者在教学过程中不仅可以灵活使用，而且通过相互借鉴还可以使评估量规不断得到修正、充实和完善。

独立性与实用性原则。各量规项之间并不兼容，每个量规指标都独立提供评估信息，不能有重叠关系。量规设计要切合实际，既要保证提供足够的评估信息，又要考虑人、物、财力、时间等应用条件。

②评估量规的设计步骤

其一，量规设计应遵循的步骤。为了使评估量规能更好地体现教学目标并发挥其评估作用，量规设计一般应遵循以下步骤。

分解学习目标，初定量规框架。学习目标可以被分解为若干层次，每个层次又可分解为若干不同部分或组成要素，可以根据获得的若干末级指标设计初步的量规体系框架。

指标归类合并，确定量规体系。末级指标之间可能会有一定的功能重叠，照此组成的量规体系也会出现内涵重复现象。因此，应对初定的量规框架进行加工整理并简化提炼，删减重复条目并归类合并，再确立出具体的量规体系结构层次和功能作用。

具体描述指标，确定量规赋值。对各具体目标的评估量规进行描述时，要根据目标要求写出期望达到的评语或要求，同时把量规分为若干等级，每个等级赋予权重分值，评估者根据学习期望或目标要求逐级进行学习评定。量规权重不仅表明了量规体系内各因素的相对重要程度，而且确定了各因素之间及量规和结果之间的关系，使评估结论能比较客观地反映被评估对象的全貌。

试用并修订量规。通过学生自评、互评和教师应用来试用已经设计完成的量规，对量规体系或指标权重提出意见，以便对量规设计进行修订和完善。

其二，量规设计应注意的问题。设计良好的学习评估量规，除了要遵循量规设计原则和步骤外，还应注意以下问题。

让学生参与量规的设计。量规设计过程中的一个重要方面，就是把量规制订作为学习过程的一部分，尽量让学习者参与量规的设计，并通过和学生讨论制订有关学习量规，帮助学习者把标准和量规内化，使学习者更清楚整个学习过程和所要达到的目标。

用具体的、可操作性的描述语言清楚地说明量规中的每一部分。在对量规进行解释时，应使用具体的可操作性描述语言，而避免使用抽象的概括性语言，同时还应避免使用不清楚或消极语言等。

第八章 自主学习策略导向下的英语教学法新发展

时代在发展，社会在进步，相应的教学方法也需要更新，应结合最新的技术建构适应时代与社会发展的新形式，只有如此，才能确保英语教学不落后于时代发展，所培养出的英语人才更加符合社会发展的要求。本章作为全书的最后一章，重点分析自主学习策略导向下的英语教学法新发展，涉及开展分级教学培养自主学习能力、利用现代教育技术培养自主学习能力、采取个性化教学培养自主学习能力。

第一节 开展分级教学培养自主学习能力

一、分级教学的必要性

我国大学英语教育与教学一直都受到极大的重视，这不仅对我国教育及科技发展等领域起着举足轻重的作用，而且还影响着全球化进程中我国经济的发展。即经济的迅猛发展对于外语人才的迫切需要与外语人才的质量和数量之间的矛盾都有赖我国外语教学质量的提高来缓和和解决。

  但是由于大学生源广、地区差异大等原因，传统的大学英语课程教学日益凸显出其局限性，即统一的教学目标与教学要求已经不能适用于差异普遍存在的大学英语课程教学。这主要由以下几个原因造成：第一，我国幅员辽阔，各地的自然与社会文化环境差异大，对于英语的社会交际需求不同，英语教学的普及程度不一，学生的英语学习起点呈现层次化。第二，我国人口结构复杂，民族多样，各民族第一语言的结构迥异，本来在学习中文上就会造成很大的干扰，对于英语习得的干扰就更趋复杂化。第三，学生个体在知识接受能力上也存在很大的差异，即学生的先天智力、先天语言能力、认知方式、性格特性、学习方法策略、学习动机、性别、年龄等因素会对学生的英语知识接受产生作用力，影响习得的程度。第四，全国各类院校在专业特色上对于学生英语能力的要求不一样，为了优化整体教学质量，就会导致在课程设置、教学目标、教学成果验收等环节上有不同的诉求。第五，全国各类院校由于办学硬件及软件条件和师资力量的不同，对全国统一的教学目标的实现上出现"旱的旱死，涝的涝死"的情况，以致教学资源不能得以科学分配。此外，中学与大学英语知识上的断层，英语应试目标与社会语言交际需要之间的矛盾等客观因素的存在亟待一个以学生为中心、尊重个体差异的更科学的教学模式的产生，基于"因材施教"原则的分级教学则应运而生，此为分级教学之必要。

  分级教学之所以能满足现今的大学英语课程教学的要求，主要有以下几重优越性。

  首先，与教育学指导思想的契合，一是大学英语教学大纲，1999年教育部高教司颁发的《大学英语教学大纲》要求各个学校根据学生英语水平的层次性，结合学校的办学条件，采取有效措施组织教学，培养学生英语听说读写译各项技能与实际英语能力；二是素质教育的理念，尤其是思想素质、文化素质及心理素质对于大学英语分级教学有一定的指导意义。分级教学让学生客观、全面地评价自己，认知自己的英语水平，分析自己的优势与不足，同时培养自我激励、情绪控制、挫折承受和人际沟通等能力（岳中生，2003：102）。

  其次，是与语言学角度二语习得理论的默契。美国应用语言学家克拉申

第八章 自主学习策略导向下的英语教学法新发展

(Stephen Krashen)的"i+1"理论体现了教与学的循序渐进观,既注重学生知识的获得,还强调探究学习者知识获得的途径。分级教学在教学目标的设定和完成的过程中也是强调,在达到既定目标的过程中需要采取的一系列的手段,包括充分发挥分层次课堂教学的主渠道作用,重视学习者的目的语难易层次的输入,文化因素的作用以及测试的针对性,还有充分考虑学习者可承受的最基本和最大的信息量(李炯英,2001:54)等。

然后是经济效用差异理论的借鉴。效用差异理论起源于英国哲学家边沁(Jeremy Bentham),其中的"等边际准则"之于分级教学,是让学生在基础、语言习得能力、时间等既定条件有限的情况下,都能获得最大的效用(岳中生,2003:103),即在英语知识的总量上获得最大层次的满足,这就要求大学英语的课程教学必须依照效用差异标准实施,而分级教学就保证了学生能在可供选择的知识组合中选择最适合的组合。

再次,教学理念的创新性。分级教学在掀起传统大学英语课程教学革命,为教师带来了新挑战的同时,让其备课与教学更具针对性,还让学生真正成为教学的中心,使学生在模拟的语言交流环境中,提高学习兴趣,自愿动脑从而动口说英语和动手写英语(陈立廷,2005:121)。

最后,实际操作的可行性。分级教学提出了相对量化的标准,包括分级方式教学目标、师资调配、教学考核与管理等方面,同时也容许并鼓励各个院校结合自身办学特色与条件进行微调,实现以自身水平为起点的进步。全国的扩招一方面为大学英语教学注入了新的血液,另一方面也为英语教学和教学管理带来了诸多挑战。

分级教学通过更新教学设备、改良教学手段、弥补评价体系的缺陷等方法来改善课堂教学的沉闷气氛,提高学生的学习自主性,使学生在有限的条件下获取最大的知识量,让教师避免了顾此失彼的尴尬,通过更有针对性的教学充分调动自身及学生的积极性,让学生学有所得,自身教有所获,达到英语教学改革的双雇员赢甚至多赢的理想状态。

二、分级教学的原则

根据《大学英语教学大纲》(试行)及《大学英语教学大纲》(修订版)提出的原则,大学英语的分级教学必须坚持分类要求、因材施教的原则。"因材施教"出自《论语·为政》,指针对学习者志趣、个人能力等情况的不同而进行不同的教育,而后内涵不断得到丰富,逐渐演变成一项教师必须掌握的重要的教学方法。该策略的实施要求教师做好以下几个方面的工作:一是教学要观察和分析学生及其学习特点;二是对学习成绩差的学生做出具体的分析,加以区别对待;三是根据以上信息和自身教学经验有针对性地采用匹配的教学方式;四是引导学生正视自己的优缺点及学习特点,帮助其寻找最佳的学习策略,高效地完成学习目标。

而其现代内涵更拓展为教师应根据学生性别、年龄以及能力的差异组织教学,学生也应在正确认识自己的基础上有效选择学习材料和学习方法,教与学相互适应,相辅相成。此外家长及学校管理也应积极参与其中,帮助学生更好的完成学习目标。

大学英语分级教学的因材施教是针对学生语言水平、认知模式、学习动机、学习态度、个体性格等因素的差异性,而设定不同的教学要求,采用相应的教学方法和教学模式,其实施则须遵循以下几项具体的原则。

(1)科学的分级编班。整个教学活动都必须围绕学生而展开,教师应该从学生学习过程和规律着手,参考学生个人意愿,结合学生的高考英语成绩、入学考试结果及英语实际应用水平几方面的因素确定分级指标,将学生分成高、中、低三个层次进行编班,形成两头小中间大的格局。此外,班级学员应该采用弹性制或滚动制,在参考学生平时学习情况、调动学生英语学习的主动性和积极性的同时,弥补前期分班可能存在的偏差。

(2)公平的师资配备。师资水平对学生的学习兴趣、主动性和积极性有着举足轻重的影响,师资的分配必然对学生学习效果产生不可忽视的影响。分级教学的师资配备应该打破高级别教师匹配高级别学生班级,次级别教师匹配低级别学生班级的定式,让所有的学生公平享受教学资源,杜绝不合理分配师资而导致的两极分化。

(3)合理的教学内容安排。教学大纲将学生应达到的英语水平分成了一

第八章 自主学习策略导向下的英语教学法新发展

到六级，且对每一级的语音、词汇量、语法知识等有相对量化的要求，对各级的听说读写译的实际操作能力也有具体的期望。所以，每一级教学内容的难度与教学要求也应与相应级别的要求同步或匹配，教学重点应该放在学生英语综合能力的培养上，增强自学能力，实现与今后工作和生活交际需要的衔接，以适应经济全球化对我国外语人才数量和质量上的需求。此外，同一级别的教师应统一教学目标、教学内容，开展集体备课，协调教学进度。低级别的任课教师应帮助学生夯实语言基础，词汇、语法与解题技巧上可放慢速度进行系统的讲解，同时增加趣味性强的教学活动，培养学生英语学习兴趣和主动性，高效完成相应的教学目标，让所有的学生都能在自己的起点得到相应的提高。

三、通过分级教学培养学生的自主学习能力

（一）A级班教学模式

A级班的学生具有较高的英语水平，掌握了一定的英语学习方法，学习能力较强，能顺利地和教师进行英语交流。基于A级班学生的这一特点，教师应该将大一的两个学期定位为基础入门阶段，旨在引导学生形成良好的英语学习习惯，将大二的两个学期定位为拓展深化阶段，致力于提高学生的英语综合应用能力。具体来讲，在大一第一学期英语课开展课前演讲活动，侧重于口语训练，充分调动学生的英语学习兴趣，使得学生慢慢形成英语思维。在大一第二学期，教学重点是提高学生的阅读理解力和听力能力，扩大词汇量，培养学生的自主学习能力。大二第一学期以英语语言输出为主，教学重点在于培养学生的语言交际能力和综合运用能力，要为学生提供更多的口语表达机会。

（二）B级班教学模式

学生主要集中在B级班，所以B级班通常是大班授课。B级班学生的英

语水平一般，对英语学习方法有一些浅显的认识，学习效率和学习兴趣有待提高，理解能力也一般。基于B级班的这一特点，B级班教学仍然依托于教材，遵循循序渐进的教学原则，注重以学习小组为单位的合作学习，将课内知识与课外知识、应试技巧与素质技能有效结合起来。

（三）C级班教学模式

C级班学生的英语功底较为薄弱，理解能力不足，学习兴趣和学习效率低，听力和口语水平低，词汇量少，对英语学习缺少自信。鉴于此，C级班教学仍然需要由浅到深进行，保持每个学期之间的连贯，将巩固高中英语基础知识与提高大学英语学习能力有效结合，注重师生之间的感情交流以及师生之间友好关系的建立，调动学生学习英语的积极性。俗话说"不积跬步无以至千里"，教师必须从学生的英语基础抓起，要有耐心。

第二节　利用现代教育技术培养自主学习能力

2017年是中国连接全球互联网的第23年，随着互联网功能不断提升、应用范围不断扩大以及智能手机的进一步普及，我国网民数量快速攀升。据前瞻数据库数据显示，截至2016年末，我国网民数量已达7.31亿人，环比上半年的7.1亿人增长了2.96%，同比2015年底的6.88亿人增长了6.25%。

互联网、云计算、移动互联、大数据等技术不断成熟，其经济性、便利性和性价比越来越高，从而为"互联网+"打开局面，奠定了广泛和坚实的基础，为互联网的发展夯实了物质基础和技术基础。今天的互联网世界，更多地体现出"+"，体现出融合创新。随着新兴业态的成长及传统业态的升级与转型，"互联网+"成为了经济社会的基础设施，"大数据+"成为了国家和企业赖以生存与发展的战略性资源。互联网带来的大变革，正催生着各

第八章 自主学习策略导向下的英语教学法新发展

种业态的跨界融合。

一、现代信息技术应用于英语教学的意义与优势

（一）现代信息技术应用于英语教学的意义

1.变更教育理念

现代信息技术背景下的英语教学教育理念由"以教为中心"转变为"以学为中心"。在现代信息技术背景下的英语教学中，慕课、微课、翻转课堂等教学模式的运用做到了以学生为中心，这就比传统英语课堂进步很多。因为在传统英语课堂中，教师作为教学的中心，教学就是教师站在讲台之上，为学生们讲授课程，即便教师将课程讲的非常精彩，有些学生也很难融入其中。因此，现代信息技术背景下的英语教学改变了这一点，由学生占据学习的主导地位，课堂变成了以学生为中心的课堂，这样的学习会让学生觉得自由、快乐，愿意学，乐意学。

2.革新教学流程

在现代信息技术背景下，英语教学的流程与传统英语教学明显是不同的。现代信息技术背景下的英语教学将知识的传授转移到课堂之前，将知识内化的过程置于课堂之上。在课堂开始之前，学生通过观看视频来学习新的知识，这样他们就可以将传统教学中教师讲授的时间空出来，让学生有充足的时间完成作业，并实现师生之间、生生之间的互动。这样做主要有如下两个优点。

首先，学生通过观看视频，能够使自己的学习更加主动，能够逐渐对自己的学习负责，这种方式可以解决传统课堂优等生"吃不饱"、中等生"吃不好"、差等生"吃不了"等问题，从而真正实现因材施教。

其次，保证了学习目标具有可操作性，这有助于学生对知识进行创造。布鲁姆将学习目标划分为理解、记忆、分析、应用等部分，通过这样的划分

可以对现代信息技术背景下的英语教学与传统英语教学进行对比，具体来说就是现代信息技术背景下的英语教学将难度最小但是需要更多选择权的环节放在课前来学习，如理解环节与记忆环节，学生可以根据自己的能力和节奏对学习进行掌控，但是将那些难度较大、需要教师和其他同学帮助的环节放在课堂上完成，如分析环节、应用环节等，这样才能真正做到各得其所。

（二）现代信息技术应用于英语教学的优势

著名学者沃特斯（Warschauer）指出，"无论是对今天的教育，还是对未来的教育而言，教师都充当了督促者、组织者、咨询人、向导等角色，学生也不仅仅是为了学习而学习，而是为了满足需要而进行学习。"现代信息技术与英语教学的融合就是为了满足学生未来的需要，而要想更好的实现应用，首先就需要了解其具体的优势。

1.提高教师工作效率

计算机作为一种工具，可以不断提升教师的效率，如设计教案、录入成绩、查询资源等，这些都是通过计算机来辅助的。在英语教学中，教师可以通过服务器对自己备课的内容进行讲解，并对学生的学习状态进行实时的观察，之后可以进行测评，检验学生的学习情况。

在作业批改上，一些客观性的题目可以通过计算机来操作，主观题在学生作答之后，教师可以通过工具软件来进行批改。这样就大大提升了教师的工作效率，便于教师将更多精力置于讲解与研究层面。

2.发挥学生主体作用

英语教学与现代信息技术的融合可以将学生的主体地位凸显出来，学生可以从自身的需要出发，借助现代信息技术选择自己的上课时间，采用恰当的方法调控自己的学习进度。当学生在学习中遇到问题时，他们也会调整自己的学习进度，随时对问题进行解决与补充，从而不断提升自己对知识的掌握情况。当学生在学习中感到非常容易时，他们也会根据实际情况加快自己的学习进度，从而达到更好的学习效果。

第八章 自主学习策略导向下的英语教学法新发展

在这一过程中，学生能够正视自己的不足，巩固自己的语言知识，便于他们形成良好的学习习惯。同时，无论学生处于何时何地，他们都可以利用各种教材与课件，进行有针对性的学习。当然，如果学生在学习中遇到问题时，他们可以发送邮件与教师进行沟通，让教师为他们答疑解惑。因此，现代信息技术可以帮助学生清楚地了解自己的学习情况，发挥自己学习的积极性，促进自己的学习。

英语教学本身是一门能力课，如果仅仅学习理论，显然达不到成效，还需要通过锻炼，将理论付诸实践。在传统的英语教学中，很多学生因为害怕或者自信心不足，不愿意在公共场合开口讲英语，在课堂上也不愿意回答问题，显得非常焦虑，这样的情况是非常常见的。但是，在现代信息技术背景下的英语教学中，学生不用担心这一问题，因为他们不是面对面的，因此学生会不断释放自己的焦虑，从而愿意回答问题与解决问题。另外，由于现代信息技术在英语教学中运用，为学生提供了一种交互式的学习环境，实现了文字与图片、动与静的结合，因此显得更为逼真，学习也变得更有趣味性。

3.提供丰富资源信息

在英语教学与现代信息技术的融合中，教师应该考虑学生的基本情况，对各种资源进行调用，制作成自己的课件，当然要与学生学习的需求与风格相符。教师需要在网上搜索相关资料，不断丰富自己的教学内容。此外，由于国际现代信息技术的通用语言也为英语，因此在网上存储着形式多样的多媒体资源，有专门的教学资源，有实效性极强的报刊资源，这些资源都为学生提供了原汁原味的资料。

二、学生在英语学习中的主体地位

（一）学生是英语学习的主体

在英语教学过程中，教师和学生都是参与者，两者都是重要的主体，但是两个主体所处的环境是不同的,教师是英语教学中起主导作用的主体,其主要职责在于"教",而学生则主要为了"学",因此,在英语学习中,学生是主体。

(二)学生是英语教师的合作者

在英语教学中,教师和学生是直接参与的两个主体,同时,英语教学中有些项目动作是需要英语教师和学生共同来完成的,因此只靠教师的教是无法达到教学目的的,需要学生的配合,才能使教学活动顺利进行并保证教学效果。

(三)学生是英语文化的继承者和创造者

学生在英语学习过程中的一个重要学习任务就是不断汲取英语的相关知识,如英语文化知识,这样才能使自己对英语的理解和感悟不断更新升华,完成英语文化知识积累。与此同时,学生在英语文化方面也要具有一定的创造力,通过不断的创造,来使所学的英语文化知识得到良好的传承和发展。

三、影响学生英语自主学习能力的因素

(一)学习策略

1.学习策略的概念

学习策略是心理学不断发展的产物,与学习者的认知方式紧密相关。现代心理学研究的不断深入使人们认识到人脑的学习机制是可以探知的领域,与此同时也促使第二语言习得的研究逐渐由"教"转向"学",转向对学习者及其学习策略的研究。这里需要区分学习者策略和学习策略这两个概念,

第八章　自主学习策略导向下的英语教学法新发展

学习者策略是学习者在学习过程中所采用的各种策略，除了学习策略还包括元认知策略、认知策略等，也就是说二者是全集和子集的关系。国内外对学习策略的研究主要有两种：描述性研究和介入性研究。

吴勇毅（2001）介绍了这两个方面的学习策略研究，他指出学习策略的"描述性研究"主要是确认学习者使用了何种学习策略，如何选择和使用策略，以及这些策略是否有效。"介入性研究"建立在描述性研究的基础上，期待将描述性研究的成果应用到教学中，教给学习者有效的学习策略，并引导他们根据个人特点和学习目标选择适合的策略以提高学习效率。另外，在学习策略的定义和分类方面，钱玉莲教授也有深入的研究。

钱玉莲（2004）在综述二语学习策略研究现状的基础上，认为学习策略研究应该分国别，分课内与课外进行研究，强调探讨汉语学习中的一些特殊策略。钱玉莲（2005）指出了前人学习策略分类的不合理之处，她基于教学实际，对第二语言学习策略重新进行了系统的分类，并确立了一个基于教学的第二语言学习策略框架体系，该体系包括"宏观策略体系和微观策略体系"。钱玉莲（2006a）进一步总结了学习策略的定义及特征，然后和相关概念做了系统对比与辨析，以期帮助大家更好的理解相关概念的异同点。

国外关于学习策略的研究开始于20世纪六七十年代，那个时候的研究主要是描述学习者使用的各种策略，并试图通过研究语言习得成功者的学习策略，发现有利于提高学习效果的学习策略。20世纪80年代以后，在二语习得理论和认知理论的支持下，学习策略研究发展很快，而且有了更为详细和科学的分类，其内涵和外延都不断扩大，然而始终缺少一个统一的理论框架，且研究者们对学习策略的认知和定义也并不一致。20世纪90年代以来，大量的实验研究拓展了学习策略研究的领域，人们认识到成功习得一门语言远比人们想象的要复杂得多，学习者的性格、爱好、学习观念、奖惩制度等各种因素都会影响学习者学习策略的选择。成功的语言习得者所采用的策略并不一定适用于所有学习者，教师在引导过程中要考虑学习个体的性格差异、年龄差异、文化差异等诸多因素，同时学习策略的发挥也是存在各种变量因素的。

迄今为止，研究学习策略的结构和层次，给学习策略分类是学者们研究的重要课题。国内学者中，以外语界文秋芳（1995）的分类最有影响，她将策略分为两大类：管理策略和语言学习策略。前者与学习过程相关，而后者则与语言学习材料相关。

国内学习策略的研究成果早期主要集中在外语教学界，他们最先引进和介绍国外的学习策略理论、个案分析、调查和实验研究。比如，吴增生（1994），庄智象、束定芳（1994），秦晓晴（1996），张日美（1998）等都从宏观的角度分别介绍了国外的学习者策略研究以及学习者策略研究的意义、方法、主题和分类以及成果。王初明（1990）和文秋芳（1995）则采用调查和描写的手段探讨了外语学习者的策略和方法。

从微观的研究来看，吴一安（1993）、文秋芳（1991、1995、1996）分别就学习策略和成绩的关系进行了研究。卜元（1992）、王文字（1998）则描述了不同的词汇记忆策略。张文鹏（1998）研究了外语学习动机和策略运用的关系，得出具有强烈学习动机的学习者可能会使用大量不同的学习策略。刘治、刘月珍（2000）则系统介绍了国外二语习得学习策略的介入性研究，主要包括理论基础、操作程序和有效性等几个方面。

我国汉语习得研究中对学习策略的研究还处于起步阶段。但学者们的研究大多比较务实、细致，针对具体问题提出解决方案。

杨翼（1998）是国内汉语二语习得界第一个采用定量研究对留学生学习策略的选择和学习效果的相关性进行研究的学者。他发现学习者对策略的使用频率与其学习效果成正比，学习效果的好坏是多项学习策略综合作用的结果。

吴平（1999）通过对留学生汉语写作错误的分析，探讨了留学生经常使用错误的四种学习策略，包括"（语际／语内）转移、（过度）概括、简化和回避"等。

徐子亮（1999）通过对样本调查分析，以认知心理学的视角观察学习者采用的汉语学习策略，认为复习、预习、背诵等是短语记忆的有效策略，是学习者学习汉语时经常采用的策略之一。

罗青松（1999）对学习者在汉语学习中回避策略的表现形式及其形成原因进行了研究。她认为回避策略是二语运用过程中的心理行为，是一种交际策略，可以帮助学习者克服由于语言水平的欠缺而导致的交流障碍。但若不加控制地使用回避策略则会对学习产生负面影响。因此，在对外汉语教

第八章 自主学习策略导向下的英语教学法新发展

学中,尤其是系统教学的中高级阶段,要加强引导,采取多种形式限制学习者使用回避策略,鼓励学习者跨越语言障碍,循序渐进地提高语言运用能力。

江新(2000)采用语言学习策略量表(SILL)对学习者的汉语学习策略进行了研究,分析讨论留学生母语背景、性别、学习时间长短及汉语水平高低对汉语学习策略使用的影响。其结论与徐子亮(1999)恰恰相反。

吴勇毅(2001)认为徐文所采用的统计方法没有江文的科学和细致。这表明,在进行学习策略等研究时,统计方法的科学使用以及分析是否合理细致是至关重要的。

江新、赵果于2001年和2002年分别采用建构具有一定效度和信度的量表以及测试调查的方式对初级水平学习者学习汉字时使用的策略以及这些策略与汉字学习成绩的关系进行了研究。他们的研究结果表明,汉字圈与非汉字圈国家的学习者在学习汉字时选择的策略不同,前者选择音义和应用策略较多,且更频繁的使用元认知策略。另外,应用策略对提高汉字学习成绩有一定帮助,字形策略则可能有碍汉字书写的学习。针对不同字形,学习者选择也不同,学习形声字时学习者更喜欢使用策略。

李丽娜(2004)采用问卷调查和面谈的方法,定量分析和研究了30名水平不同的汉语习得者所采用学习策略的特点及异同,然后对引导学习者使用适当的学习策略提出建议。

钱玉莲(2006b)基于一个访谈和开放式调查,建构了一个"中文阅读学习策略量表",并用该表调查分析了中高级阶段韩国学习者的阅读学习策略。结果表明:韩国学习者在阅读观念和学习策略的使用上不存在显著的性别差异;但是不同年级韩国学习者在使用超文本观念、选材策略、预览策略和互动策略时有显著的差异;推测和语境策略是韩国学习者最常用的,然后是标记、略读和预览策略,母语策略及互动策略最不常用;预览策略可以在一定程度上预测韩国学习者学习成绩,但文本观念和互动策略却有轻微的负预测力。

吴勇毅、陈钰(2006)采用量表测试对24名外国学习者的听力学习策略展开了调查和研究。通过对善听者和不善听者的对比分析发现,二者在听力时采用的策略,包括元认知策略、认知策略和情感策略等差异明显。前者在听力过程中，不仅关注意义，也很注意语言的形式，他们会使用多种策略，以达到主动参与而不是被动接收的目的，这样使得他们在策略选择上更为灵活多变，遇到的困难也就更少。

马明艳（2007）进行了一项个案研究，对象为非汉字圈国家一个汉语零起点的留学习者，她以学习者课堂笔记以及作业中的汉字为研究材料，从书写错误、字形策略、记忆策略、应用策略、复习策略、归纳策略等角度，研究了该学习者各阶段汉字学习策略的特征以及学习策略的发展趋势，同时她采用汉字测试和调查等辅助方式，对该生不同阶段学习策略的使用及发展趋势做了对照性的研究。

钱玉莲（2007）从韩国学习者汉语水平考试中各项成绩入手，描述了韩国学习者汉语听、读技能的发展现状，在此基础上主要从学习者的角度通过实证研究的方法揭示相关原因和问题的解决途径。通过对韩国学习者语言学习观念、听力、阅读学习策略以及中国学习者和韩国学习者阅读学习策略的比较，探讨了中文阅读的特殊策略。

吴勇毅（2008）采用访谈等方式对意大利学习者汉语学习策略进行了个案研究。以学习者在口语学习时使用的策略为研究对象，发现了一些规律："在汉语作为外语的环境下，好的学习者大都会采用一种'寻找和建立固定的语言伙伴'的学习策略。"他还指出：个案研究的特殊性可与大量样本的定量分析相互作用，从特殊与普遍两个角度帮助我们深化认识。

钱玉莲、赵晴菊（2009）对学习者汉语输出学习策略做了探讨和研究，具体内容包括汉语输出学习策略研究的理论基础、留学生汉语口头输出学习策略研究、中外学习者汉语书面输出学习策略比较研究、对外汉语输出技能教学对策研究等。对推动外国学习者汉语输出学习策略的深入研究起到了积极作用。

鉴于汉语的特殊性，在进行学习策略理论基础研究的同时，应更多地进行针对汉语特点的学习者策略研究。在全球范围内，不同文化圈的学习者在习得语言时采取的策略也可能是有规律性区别的，因而进行不同文化圈学习者策略的对比是有必要的。学习策略的有效性以及培训的实验研究不管是在外语教学界还是在对外汉语教学界都应该逐步深入。

第八章 自主学习策略导向下的英语教学法新发展

2.学生的语言学习策略分析

"学而不思则罔,思而不学则殆"这一观点指出了学习策略是非常重要的。法国学者卢梭也证明了这一点,甚至在卢梭看来,策略的形成比获取知识更为重要。不管是谁,在学习中都会运用到学习策略,但不同的是,有些人运用学习策略具有自觉性,有些人使用学习策略是不自觉的。例如,中国人拿筷子是非常常见的事情,看起来也没什么方法,但是西方人使用筷子就要花费很长的时间。这就说明,筷子的使用也是有方法的,只不过中国是不自觉就习得的,而西方人需要花费时间来学习。

学习策略对于学习者的学习过程是非常重要的,如果是积极的学习策略,那么必然有助于学习者的学习。众所周知,预习是非常重要的,但是很多学习者由于课本中存在很多的生词,他们无形中就认为预习就等同于查询生词,很少有学习者认识到课文中存在的难点。由于学习者对难点的查找是不自觉形成的,未将这一项目作为预习的重要层面,因此导致未实现预习的效果,这样的预习也就是可有可无的。

如果没有充分的预习,学习者本身没有疑问,在课堂上也不会向教师提出问题,那么课堂就变成了教师教授、学习者记笔记的情况。反之,如果学习者能够对学习策略进行有效的运用,提前做好预习的准备,那么就会在课堂上主动学习,发现问题,并对问题进行解决。这样有助于学习者不断提升自身发现问题、解决问题的能力。

(二)智力水平

语言学习者的智力结构是一个整体,在智力发展中所涉及的问题与这个结构及其各个成分之间的关系密切相关。语言学习者智力的表层结构和里层结构有两个含义。

第一,语言学习者的每一种智力活动或者认知活动都有表层结构和里层结构之分。具体而言,语言学习者对各种风格和寓意的理解,对表象的显现水平及对整体与局部、外部与内部的把握,都要结合对这些对象的认识方式及其中的思维,将自我与当下环境结合起来形成一种整合性的、连续性的整体。

第二，语言学习者智力活动中的非智力因素（或非认知因素）在智力活动中应看作一种里层的结构。在语言学习中，学习者对语言学习的态度、兴趣、动机、学习的意志以及学习者自身的个性、情感等都属于非智力因素，并且它们对智力活动起到一定促进或阻碍的作用。

四、现代教育技术下学生英语自主学习能力的培养

（一）完成学习任务，在课外培养学生的学习能力

1.让学生观看"微课视频"

教师要精心备课，制作出优质的"微视频"，使微课视频来源于教材，但又跳出教材，注重对教材的拓展和开发，密切联系实际，使教学内容更加贴近学生生活实际。教师应注重学生动手能力和实践问题的设计，让学生在观看视频过程中尽量能动手操作去思考解决问题，循循善诱引导学生发现问题，大胆探索，勇于归纳总结出规律性内容，培养学生自主学习的能力。

2.让学生自主检测

教师在微课教学中精心设计一组有层次、有梯度的题目，既可以检测学生观看微视频后的效果，让学生体验收获的喜悦，又可以让学生自己找到本节课的难点或困惑，然后或通过自己阅读教材、查阅资料，或反复观看视频，或通过教学平台与同学或教师进一步交流探究，或与家长交流探讨，培养学生自主学习的能力。

3.让学生通过学习平台写出困惑或标新立异的想法

学生做完自主检测题目后，教师要求学生自我反思，通过学习平台晒出自己的学习心得或自己的独特思维，这时教师要根据学生的反应，梳理出学

第八章 自主学习策略导向下的英语教学法新发展

生共性的问题，进行第二次备课，使自己的教学方案更加贴近学生的实际，既能解答学生的困惑，又能鼓励学生的创新思维，引发学生的求变、求异、求新、求奇的内驱动力，营造一种标新立异、创新超凡的竞争氛围，很好地培养学生自主学习的能力。

（二）实现知识内化，在课内培养学生的学习能力

1. 以问题驱动培养学生的学习能力

教师在课堂教学中要充分发挥问题驱动作用，精心设计问题，以问题来驱动学生的思维。教师要将学生困惑的知识问题化，问题层次化、情境化，努力让学生去发现问题、提出问题、分析问题、研究问题、讨论问题、解决问题，使学生在探究解决问题中产生学习的兴趣和动力。

2. 充分发挥小组合作的优势

教师在教学中可以把学生分成若干个小组，让学生以小组的形式进行合作学习，通过各抒己见的讨论、归纳，使学生在合作中相互交流、相互信任、扬长避短，共同完成学习任务，最终实现高效课堂的终极目标——学习能力的培养，为培养学生自主学习的能力奠定基础。

3. 坚持充分发扬民主

课堂教学实践中，教师以相信学生、发动学生、依靠学生、发展学生为宗旨，做学生学习的伙伴，营造尊重、平等、宽容、自主、合作、和谐、进取的良好氛围，为培养学生自主学习的能力创造优越的环境。

4. 坚持"教师为主动、学生为主体"的原则

教师是学生成长道路上的引导者、激励者、合作者和帮助者，是学生学习的导师和伙伴，教师的责任是鼓励学生进步，激发学生的潜能，帮助学生成长。学生是学习的主人、发展的主体，学生当好竞技者、表达者、展示

者，教师要把学习的权利、学习的空间、学习的机会和学习的快乐还给学生，为培养学生自主学习的能力提供有力的保障。

5.教师可以开展"自主+合作"的学习方式

建立既有师生间纵向的信息交流，又有生生间的横向信息交流的"立体化"学习网络，实现师生、生生、组内、组间多向互动交流，为培养学生自主学习的能力提供有力的抓手。

（三）建立现代外语语言自主学习中心

现代外语语言自主学习中心，简称语言学习中心或语言中心，是一个拥有网络和计算机硬件设施、各种媒体资源和学习软件、容纳各种学习策略、为学生发展自主学习能力提供良好环境与物质条件的学习场所。它能满足学习者根据自身的特点选择喜欢的学习方式、按照自己的学习时间和学习进度进行学习等个性化要求。

语言中心一般要提供以下服务：

第一，提供丰富的、便于查找和使用的、适合自主语言学习的材料和资源，以满足独立学习者的使用需求。

第二，提供网络化的教室和学习终端，如数字化语言实验室和自主学习机房。

第三，提供网络学习的课程平台、资源网站和语言交际系统，如《新视野大学英语》教材学习系统、《英语在线》资源平台和在线讨论答疑系统。

第四，通常有值班教师或技术人员为学习者提供培训或各种在线和面对面的辅导帮助，进行答疑解惑或技术指导，鼓励学习者采用个人学习策略、反思学习过程，传授信息化自主学习的技能，培养独立学习的能力。

第五，部分语言中心还提供模拟语言交际环境，如"英语角""外语村""文化体验区"等等，鼓励学生通过真实的和虚拟的环境用外语交流。

第六，部分言中心还提供博客、播客、维客的制作、上传、点评的条件，鼓励学生创造性地使用外语，培养其语言综合应用能力、电子语言素养和创新能力。

第八章　自主学习策略导向下的英语教学法新发展

（四）掌握网上交际技能

随着全球化、信息化的发展，网络已经成为人类获取信息的首要途径，也是人类交流信息的主要渠道之一，更是人与人之间交际的新平台。信息时代学生的交际能力应包括网上和网下两部分。传统的语言交际能力已不能满足信息时代的要求，应在其基础上增添网上语言交际能力。由于不同文化背景的主体间通过网络进行交流变得越来越频繁，跨文化网络交际能力将成为大学生需要培养的一种新能力。

网上交际技能，既包括网络系统的知识和操作技能，又包括基本语言技能和网络语言技能，还包括跨文化交际的知识等。

1.网上交际平台与交际技术

从技术的角度看，网上交际平台有：以计算机为媒介的通信（CMC），如聊天室、E-mail等；基于4G/5G和Wi-Fi无线网络技术的手机；以IPad为代表的手持电脑终端。

当前的趋势是这几个平台正融为一体，并迅速普及，使移动学习变成人类学习的重要方式。

从交际的参与者来看有一对一、一对多和多对多。

从网上交际方式看，大致可分为：

实时交际：文字、音频和视频聊天系统，例如QQ、MSN、Skype、微信等。还有基于4G/5G和Wi-Fi无线网络技术的手机短信和音视频通信。另外，数字化语言实验室都内置了很强的语言实时交际功能。

非实时交际：例如E-mail、BBS、Blog、Podcast，以及有点评和留言功能的网页等。

实际上现在很多实时交际工具都附加了非实时的功能，如离线留言和传送文件。

还有一些平台综合了实时与非实时的特点，成为功能强大的交际平台，如远程教学和视频会议平台，不但可以文、音、视实时交际，还有文件共享、文件传输、屏幕共享、协作创作、在线评估、在线笔记和现场录制等功能。

2. 网上交际的语言技能

学生的基本语言能力是网上交际的基础和前提。传统的语言交际能力（听、说、读、写、译）仍需加强，但网络交际语言也需与时俱进，如对网络词汇与网络语言等的学习和运用。

3. 跨文化网络交际的知识

跨文化网络交际是指通过计算机及网络发生的不同文化背景的人际交往形式。为了使网上交际顺畅，除了语言技能以外，交际者要有一定的跨文化交际意识、知识和策略。

（1）跨文化网络交际礼仪

网络上的人际交流需注意遵守一定的规则，称为跨文化网络礼仪，即在现代信息技术上交流的行为准则。不讲礼貌、不懂礼仪，或者礼仪使用不当，都会造成交流的失败。

（2）跨文化网络交际策略

交际策略是交际主体为了争取更多的交际机会，维持交际以及提高交际效果而采取的各种策略。由于来自不同文化背景的网络交际者各自的思维习惯、行为举止和价值观念的不同而形成对对方的刻板印象，加上机器媒介可能造成的语义模糊，彼此很容易产生误解甚至导致交际失败。因此，要学会一些网络交际策略，如礼貌策略、回避策略等，以保证交际的成功和顺利。

（五）实现信息化读写

网络时代我们的读和写已经发生了革命性变化。作为信息时代的大学生，要自觉改变传统的读写习惯，学习和掌握新的读写方式，从而提高自己的学习能力。

从阅读的方式来看，人们从文本阅读走向超文本阅读，例如点击屏幕上课文中的生词热字，词义、例句就能随即显现；从纯文本阅读发展到超媒体阅读，点击某个单词，就能启动相应的音频、视频；从单纯被动的阅读变成

第八章 自主学习策略导向下的英语教学法新发展

同电子资料库对话的高效率检索式阅读。我们阅读一篇文章，可以同时查阅有关信息；从对出版物的权威性、真实性、真诚性毫不怀疑的"拜读"，到对网络内容批判式的阅读，也发生了翻天覆地的变化。

从阅读的过程来看，首先，我们要通过检索找到自己想要读的东西，然后再快速地鉴别资源的可信度和时效性，并且立即决定是马上就读，还是先将其部分或者全部保存或按类收藏，以后再读，还是点击资料中的内外链接继续查看，或者选择放弃此资料回到上一层重新搜索。此外，对已经存盘的资料要分门别类地组织管理，以便日后轻松快速地提取和调用这些资源。

写的方面也发生了巨变。在经历了电脑普及初期的"换笔"的兴奋和痛苦后，我们又得改变写作的方式了：从用纸笔写走向键盘、鼠标、扫描、语音、触摸等各种方式的输入；从文字的写作到综合运用图文音像素材的多媒体写作；从由上而下、由头至尾的线性写作到构思中灵感的跳跃性记录，然后发展、编辑成文的写作；从纯文本写作到超文本、超媒体结构的构思与写作；从与阅读分离的写作到在与电子资料库对话中读写一体化中的写作；从个人独立写作到在实时或非实时远程交流的过程中的协同化、群体化的写作；从单纯的写作到写作与发表一体的网络写作；从事先确定读者对象的写作到要为现代信息技术上不明读者的写作，等等。

对于信息化条件下的外语自主学习者来说，要学习和掌握的还远不止这些。智能手机、电子书和平板电脑及其相关技术的发展，正在使人类的无纸化、多模态的移动学习和办公成为现实。我们要奋起迎接挑战，主动学习，并尽快掌握这些信息化手段，使我们的信息化自主学习更加有效。

第三节 采取个性化教学培养自主学习能力

一、个性与个性化教学分析

（一）什么是个性

个性是个体才具有的特征，但个体不同于个性。要理解个性的内涵，就必须把个性和个体区别开来。个性和个体是相联系又相区别的。作为人，首先是一个具体的人，作为个体而存在。个体是指具有生物的、社会的全部固有特征的某个具体的人，如张三、李四、王五等。而个性则是抛开个体的生物的、自然方面的属性，只指人的社会性和心理倾向性及心理特征。但个性和个体又是密不可分的。人首先是自然界的产物，人作为自然界的一部分，与动物一样，也是一个生命体，也有食欲、性欲、求生欲望等自然欲求。人的个体是心理特征和心理倾向性的载体，没有个体就不会有个体所具有的个性。科学研究证明，个体发育成长的自然因素与个性的社会化过程密切相关。

加利福尼亚纵向法的研究资料表明，发育早的男孩在很长时期内比其他人个儿更高，体重更重，力气更大，并且在14~16岁表现最明显。女孩比男孩早两年开始成熟，发育早的常常长得矮小而丰满。随着个体身高的变化，各个指标相对应的心理特征也会发生变化，有的孩子会为自己长得强健而高兴，为自己长得弱小而自卑；有的女生为自己容貌娇好而充满自信，而那些身材矮小而又相貌平平的女生则会产生自卑感。

个性与个体的自然性是密切相关的，但个性并不是指个体的自然性，而是指个体的社会性。人一方面作为一个生命体而具有自然性，但人之所以是人，从根本上说，并不在于自然性而在于社会性。人作为社会的产物，又具有社会性，人的生产活动和生活都具有社会性。人的个性是与个体的社会生活环境分不开的，人的个性是个体在一定的社会生活条件下逐步形成和发展

第八章 自主学习策略导向下的英语教学法新发展

起来的。

（二）个性的形成

素质教育过程中要培养学生的创新精神和实践能力，就要重视发展学生的个性。要发展个性和潜能，首先要了解个性的形成和发展。

关于个性的形成和发展有许多观点，西方的一些心理学家从生理因素出发，把个性看作是受生物制约而形成的差异。在他们看来，生物遗传因素是个性形成的主要原因。因此，他们认为，个性的一切特点都是人生来就具有的，虽受后天制约，但基本方向是不变的。中国古代的性善论和性恶论，也主张人的本性是先天就有的。这种观点是一种生理决定论。

从生理上看，个性的形成和发展与个体的生理特征是有一定关系的，否认这一点就会陷入唯心主义，但仅从生理角度去分析个性显然是片面的。实际上，个性并不是先天就有的，虽然与个体的生理有关，但是可以改变的。个性是在一定的社会条件下，通过教育影响而后天形成的。正因为个性是后天形成的，这才为发展学生的个性特长、培养学生的创新精神和实践能力提供了依据和条件。我们在认识个性的形成和发展过程时，既要看到个性与个体生理的联系，更主要的是分析一定的社会条件对个性形成和发展所起的作用。

首先，个性是人的个性，而不是动物的个别心理反应。个性是在一定社会关系下形成的。人是社会的产物，任何个性都应当是在一定社会条件作用下形成的。人在社会关系中的地位决定了人的意识和心理的形成和发展，有什么样的社会存在就会有什么样的社会意识。人们的生产、生活状况，会使人产生与生产、生活状况相适应的动机和追求。一个人的心理特征和心理倾向是受社会生活制约的。在不同的社会经济和文化条件下，个体会形成不同的个性。个性与个人的地位、生活环境和所受社会教育程度是密切相关的。

其次，个性的形成与教育密切相关。促使个性形成和发展的手段和途径很多，其中最基本的手段就是教育。家庭教育在个性的形成和发展中占有十分特殊的地位。家庭是社会生活的基本单位，社会上的各种关系都是通过家庭去影响儿童，在他们的心灵上打下深深的烙印。不同家庭的儿童通过衣食住行和父母的言传身教，逐渐形成不同的生活习惯、行为方式及心理特征。家庭条件较好的学生，容易养成依赖性，缺乏顽强意志。如独生子女由于父母的过分娇惯会出现任性、散漫等特征。单亲家庭的儿童则会出现孤独、郁抑等心理特征。特别是缺乏母爱的儿童，其心理的正常发展受到很大影响。心理学家曾对这些"母性养育剥夺的儿童"进行过大量的调查和实验，从许多长期生活在保育院的儿童中发现，由于他们失去父母照顾，缺乏感情刺激，导致部分儿童智力和语言发展迟缓，情绪反应单调，表现呆板，性格孤僻。

（三）个性化教学

就目前的情况来看，与个性化教学极易混淆的一个概念是个别教学。因此，为了正确理解个性化教学，我们有必要搞清楚个别教学的含义。

国内许多学者都接受了个别教学这一概念。例如，苏渭昌等在其主编的《英俄日汉教育词典》（1988）中将"individualized teaching"翻译为"个别教学"；顾明远在《教育大词典》第一卷（1990）中将"个别教学制"翻译为"individualized instruction system"；张宏念在《教育学词典》（1987）中将"个别教学"解释为"包括道尔顿制、程序教学、计算机辅助教学等个性化教学的实践"。此外，中央教科所编辑的《英汉教育词汇》（1982）将"individualized instruction"也翻译为"个别教学"。

实际上，个别教学与个性化教学是有很大区别的。《中国大百科全书·教育》对个别教学的解释是：在同一个教室里聚集着年龄不一、程度不一的学生，教师以一对一的方式进行授课，每个学生的教学内容与教学进度都各不相同，教学时间也没有统一的安排。因此，个别教学就是师生之间以一对一的方式开展的教学活动，欧洲中世纪学校和中国封建时代的私塾教学就属于这种组织形式。此外，在我国一些偏远地区或经济比较落后的地区，这种方式仍然存在。一般来说，个别教学的实际效果都不太好，个别教学与个性化教学完全是两回事，我们绝不能将二者混为一谈。

那么，到底什么才是个性化教学呢？我们先来看一些比较有代表性的观点。

第八章　自主学习策略导向下的英语教学法新发展

《韦伯斯特词典》(*Webster's Third New International Dictionary*, 1970)将individualization(个性化)的含义总结为以下三点。

(1)保持个性,养成一个有特征的人。

(2)使个体进入自我管理的状态。

(3)调整或顺应个体的需要或特定环境。

阿兰(1992)对"individualized instruction"和"individualized teaching"两个术语的含义进行了区分。在阿兰看来,"individualized instruction"往往与非正规的课堂教学联系在一起,强调的是学习者可以按照自己的节奏来制订自己的学习日程、安排自己的学习进度,而"individualized teaching"更侧重于师生之间、学习者与学习者之间、学习者与学习资源之间的互动。

詹金斯(John M. Jenkins, 1998)在*Strategies for Personalizing Instruction*一文中使用"personalizing instruction""personalize instruction""personalized instruction"等词汇来描述个性化教学,并将其含义概括为以下两点。

(1)特别强调每一个学习者的需要、天赋、学习风格、兴趣和学术背景。

(2)要求学习者不断地进步。

尽管上述观点所使用的术语各不相同,但他们都不同程度地体现出个性化教学的一些内在特点。综合上述观点,所谓个性化教学就是以了解和尊重学习者的个体差异为前提,以最大限度地发展每个学习者的能力为目标,以充分调动学习者的学习自主性为方式,以灵活多样的教学形式为依托的教学模式。

个性化教学的实质是使教师和学校管理者尝试采用适合学生的教学,使他们在个性、社会性和学术性等方面的成长超过传统的非个性化教学。个性化教学的内涵可以从以下几个方面来理解。

1.分化教学

美国当代著名心理学家加登勒(Howard Garder, 1994)在*Phi Delta Kappen*中曾明确指出,"在过去,教学的最大错误是:假定全体儿童是没有差异的同一个体,而以同一方式教授同一学科的全体儿童。"而分化教学(differentiated instruction)就是以分化的方式来适应学习者差异性的个性化教学。

每个学习者在学习意向、兴趣、天赋方面都有自己的特点。具体来说，学习意向是学习者的学习倾向性，包括性别、文化、学习风格、智力倾向性等。例如，有的学习者倾向于以逻辑和分析的方法学习，有的学习者则倾向于借助大量图片来感知、理解具体的内容。兴趣是学习者对某一特定专题或技能的好奇心、爱好或偏爱，例如有的学习者非常喜欢语言而选择进行文学研究，有的学习者对盖房子感兴趣而选择学习建筑。天赋是学习者在某一方面与生俱来的理解力、学习能力或技能，天赋对学习效率的高低会产生一定的影响。

分化教学要求教师对学习者在学习意向、兴趣、天赋等方面的差别进行充分了解，并在此基础上进行异质分组。学生的差异性是一种合理的客观存在，因此，异质分组就是在尊重这种差异的基础上根据学生的特点来调整班级内部的个别差异，进而实现个性化教学。具体来说，一个随机分组的班级经过一段时间的教学和测验后，根据学生的成绩和水平状况，分成若干不同层次的学习小组。此时，班级仍是基本的管理单位，但学习小组可以打破年级限制。经过一段时间的学习后，学生被再次分流，进入各学习小组。这样，每个学生各方面的学习兴趣和天赋均能达到最佳状态。

2.适应性教学

随着经济的飞速发展及国际竞争的日益激烈，社会对于人的素质的要求更寻求以个性品质为内核的"全人格"内涵，而传统的班级教学在发展过程中越来越暴露出其在适应学生个别差异方面的不足，这就使得教学模式也必须进行相应的调整。

教师适应学生是学习过程的核心。适应性教学就是要求教学安排适应个别差异的环境条件，创设相应的情境，构建相应的课程知识以及建立相应的评价制度等。个性化教学就是要使学习者在个性、学术性、社会性等方面的成长超过传统的非个性化教学。因此，从这个意义上讲，"个性化教学"也被称为"适应性教学"，20世纪80年代以后，这两个概述是可以互换使用的。

3. 全纳性教学

在传统的教学实践中曾经有过这样一个故事。一次考试中有一道题是连词成句，给出的词是"top, hill, on, trees, there, the, are, of, some"。一个学生的答案是"On top of the hill, there are some trees."却得了零分，原因是不符合标准答案。标准答案是"There are some trees on top of the hill."。这种僵化、死板的教育模式怎么能培养出学习者的独立性和创造性呢？

个性化教学要求教师尊重不同学生的天赋水平，为全体学生设定同样令人感兴趣的、同样重要的和同样吸引人的学习任务，为全体学生提供在不同困难程度上获得基本理解力和技能的机会，以利于学生理解力和技能的发展。个性化教学期望所有学生的持续性成长，课堂作业没有任何标准，只有对学生个体深深的尊重。

因此，个性化教学的本质是教师向学生阐明保持和理解的本质，教学过程是促进每一名学习者的个人成长和个体成功的过程。

二、通过个性化教学培养学生的自主学习能力

教师和学生都是教学的主体，因此个性化教学就是个性化的教和个性化的学的统一。这可以从以下三个方面来解读。

（一）个性化教学是教师教和学生学的统一活动

个性化教学可能因为教学条件的变化而发生一些形式上的变化，但在个性化教学中，教师和学生仍是互相依存的必要主体。个性化教学的终极目标依然是学生的健康发展。特别是对于学生的个性培养来说，个性化教学发挥着重要作用。在世界课程改革的潮流下，教学开始指向人的自由与解放，注重凸显出每个学生的个性发展以及创造性表现。个性化教学不仅帮助学生实现在童年期、青春期个性的发展，更帮助学生形成以利于其终身学习的稳定的个性。

（二）教师的个性是教师的个性化教学的基础

个性化教学如何实现，是每个学校都在思考的问题。有学者明确指出，教师的个性解放是实现个性化教学的前提和基础。而教师教育观念的更新、教师科研水平的提高和个性品质的引导又是解放教师个性的条件。个性化教学要求教师具备全面和系统的教学观念，并且随着时代的发展更新自身的教学观念。教师的个性品质对学生的精神世界产生着巨大的影响，它是由认知、思维、价值观、兴趣、情感、态度和需要等构成的复合体，是教师教学效果出现差异的重要原因之一。

（三）学生的学建立在学生自身个性的基础上

个性化学习要求学生具有一定的个性品质，从而发挥学习者的最大潜能。在个性化学习中，学生自定学习目标，自选学习内容，自己安排学习进度。总之，个性化学习的实现需要学生"会学""乐学"和"创造性地学"。而这些都要求学生具备独特的个性、创造性的思维，敢于迎接挑战。

参考文献

[1]（爱尔兰）David Little等著；邱永忠，林赟，江琴译. 自主学习方法与途径[M]. 福州：福建教育出版社，2010.

[2] [日]佐藤正夫著，钟启泉译. 教学原理[M]. 北京：教育科学出版社，2001.

[3] 都建颖. 第二语言习得理论入门[M]. 武汉：华中科技大学出版社，2013.

[4] 范春林. 课堂环境与自主学习[M]. 北京：国家行政学院出版社，2013.

[5] 冯莉. 大学英语语法教学理论与实践[M]. 长春：吉林出版集团有限责任公司，2009.

[6] 高华丽. 翻译教学研究：理论与实践[M]. 杭州：浙江大学出版社，2008.

[7] 顾曰国. 英语教学法[M]. 北京：外语教学与研究出版社，1998.

[8] 杭宝桐，丁昌佑. 中学英语教学法[M]. 上海：华东师范大学出版社，2000.

[9] 何广铿. 英语教学法基础[M]. 广州：暨南大学出版社，2001.

[10] 何广铿. 英语教学法教程理论与实践[M]. 广州：暨南大学出版社，2011.

[11] 何玲，王朝元. 中学英语教学法[M]. 杭州：浙江大学出版社，2012.

[12] 何少庆. 英语教学策略理论与实践运用[M]. 杭州：浙江高校出版社，2010.

[13] 胡春洞. 英语教学法[M]. 北京：高等教育出版社，1990.

[14] 教育部高等教育司. 大学英语课程教学要求[M]. 北京：外语教学与研究出版社，2007.

[15] 靳玉乐. 自主学习[M]. 成都：四川教育出版社，2005.

[16] 夸美纽斯著，傅任敢译. 大教学论[M]. 北京：教育科学出版社，1999.

[17] 李森，张家军，王天平. 有效教学新论[M]. 广州：广州教育出版社，2010.

[18] 李友良. 英语学习策略与自主学习[M]. 上海：上海交通大学出版社，2011.

[19] 廖美珍. 语言学教程（修订版）精读精解[M]. 成都：西南交通大学出版社，2009.

[20] 林立，王之江. 人本主义活动在英语教学中的应用[M]. 北京：首都师范大学出版社，2005.

[21] 鲁子问，康淑敏. 英语教学方法与策略[M]. 上海：华东师范大学出版社，2008.

[22] 鲁子问. 英语教学论[M]. 上海：华东师范大学出版社，2009.

[23] 罗少茜. 英语课堂教学形成性评估研究[M]. 北京：外语教学与研究出版社，2003.

[24] 穆雷. 中国翻译教学研究[M]. 上海：上海外语教育出版社，2004.

[25] 庞维国. 自主学习——学与教的原理和策略[M]. 上海：华东师范大学出版社，2003.

[26] 孙玉梅. 现代英语教学法[M]. 长春：东北师范大学出版社，2016.

[27] 谭顶良. 学习风格论[M]. 南京：江苏教育出版社，1995.

[28] 王宝印. 循环式素质英语教学法[M]. 北京：中国海洋大学出版社，2008.

[29] 王德春. 普通语言学[M]. 上海：上海外语教育出版社，2011.

[30] 王笃勤. 英语教学策略论[M]. 北京：外语教学与研究出版社，2002.

[31] 王芬. 高职高专英语词汇教学研究[M]. 上海：上海交通大学出版社，2012.

[32] 王鹤. 教育信息化背景下的大学英语自主学习探索[M]. 北京：经济管理出版社，2016.

[33] 王琦. 信息技术环境下的外语教学研究[M]. 北京：中国社会科学出

版社，2006.

[34] 王蔷，程晓堂. 英语教学法教程（第二版）[M]. 北京：高等教育出版社，2006.

[35] 魏朝夕. 大学英语文化主题教学探索与实践[M]. 北京：中国农业科学技术出版社，2010.

[36] 吴棠，王才仁，杭宝桐. 中学英语教学法[M]. 南宁：广西人民出版社，1981.

[37] 肖礼全. 英语教学方法论[M]. 北京：外语教学与研究出版社，2009.

[38] 肖惜. 信息化外语自主学习导航[M]. 武汉：武汉大学出版社，2010.

[39] 萧承慎. 教学法三讲[M]. 福州：福建教育出版社，2009.

[40] 徐飞，李跃宇，姜旭. 新编英语教学法[M]. 哈尔滨：哈尔滨地图出版社，2010.

[41] 许天福，虞小梅，孙万彪. 现代英语语音学[M]. 西安：陕西人民出版社，1985.

[42] 许月良，张思明. 自主学习活力课堂[M]. 天津：天津教育出版社，2008.

[43] 许智坚. 计算机辅助英语教学[M]. 厦门：厦门大学出版社，2015.

[44] 严明. 大学英语翻译教学理论与实践[M]. 长春：吉林出版集团有限责任公司，2009.

[45] 严明. 大学英语自主学习能力培养教程（第二版）[M]. 哈尔滨：黑龙江大学出版社，2007.

[46] 杨丰宁. 英汉语言比较与翻译[M]. 天津：天津大学出版社，2006.

[47] 张红玲. 网络外语教学理论与设计[M]. 上海：上海外语教育出版社，2010.

[48] 张鑫. 英语教学的理论与实践[M]. 北京：知识产权出版社，2012.

[49] 郑金洲. 自主学习[M]. 福州：福建教育出版社，2008.

[50] 周文娟. 大数据时代外语教育理念与方法的探索与发现[M]. 上海：上海交通大学出版社，2014.

[51] 艾晓慧. 基于新课标下的高中地理课堂学习学生自我评价研究——以深圳市西乡中学为例[D]. 西安：陕西师范大学，2012.

[52] 柴小莉. 培训对中国大学生英语写作自我评估能力的影响[D]. 兰州：兰州大学，2011.

[53] 陈艳君. 基于本土视角的中国英语教学法研究[D]. 长沙：湖南师范大学，2015.

[54] 何薇. 学英语词汇教学研究——以贵阳学院为例[D]. 重庆：西南大学，2009.

[55] 蒋旭霞. 中学生写作自我评价的研究[D]. 金华：浙江师范大学，2007.

[56] 林敏. 小学六年级学生自我评价影响因素的研究[D]. 福州：福建师范大学，2004.

[57] 牟必聪. 翻转课堂理念下高中英语词汇教学的设计与实践[D]. 上海：华东师范大学，2018.

[58] 宋璐. 基于心理学的网络教学系统人机交互研究[D]. 北京：北京邮电大学，2015.

[59] 孙锐欣. 元音的实验和计算研究——以上海方言元音为例[D]. 上海：复旦大学，2008.

[60] 陶健敏. 汉英语作为第二语言的教学法体系对比研究[D]. 上海：华东师范大学，2007.

[61] 杨莹子. 克拉申语言监控理论对小学英语教学的启示[D]. 上海：上海师范大学，2009.

[62] 敖冰峰，杨扬. 关于多媒体网络教学的研究[J]. 应用能源技术，2006，（9）.

[63] 曹春，孟茜. 浅析英语教学法与相关学科的关系[J]. 长春理工大学学报（社会科学版），2005，（1）.

[64] 陈新汉. 自我评价活动论纲[J]. 北京师范大学学报（社会科学版），2007，（1）.

[65] 郭淑英，赵琼. 大学英语自主学习学生自我评估调查研究[J]. 黄石理工学院学报，2008，（1）.

[66] 胡继渊，沈正元，张玉昆. 中外学习风格研究现状综述[J]. 外语中小学教育，1999，（3）.

[67] 刘建达. 学生英文写作能力的自我评估[J]. 现代外语，2002，（3）.

[68] 刘梦雪. 通过自我评估训练促进自主式英语学习的实证研究[J]. 疯狂英语（教师版）,2009,（4）.

[69] 楼荷英. 自我评估同辈评估与培养自主学习能力之间的关系[J]. 外语教学，2005，（4）.

[70] 穆婷. 语篇意识与英语翻译教学[J]. 上海理工大学学报. 2006,（1）.

[71] 牛红卫. 网络教学特点与模式探讨[J]. 中国成人教育，2006，（7）.

[72] 秦静. 大学英语分级教学模式刍议[J]. 宜春学院学报，2010，(2).

[73] 秦娟娟. 大学英语口语教学的现状研究[J]. 校园英语，2018，（29）.

[74] 田洋洋，田娟娟. 英语语音训练和自主学习能力的培养[J]. 安徽水利水电职业技术学院学报，2009,(1).

[75] 肖君. 英语词汇教学中文化差异现象浅析[J]. 四川教育学院学报，2007，（5）.

[76] 张建芳. 激发兴趣是学好英语的关键[J]. 散文百家，2018，（11）.

[77] 张利丽. 高职英语口语教学现状及对策[J]. 中国科技信息，2007，（18）.

[78] 钟志贤. 建构主义学习理论与教学设计[J]. 电化教育研究,2006,（5）.

[79] 朱艳华. 通过自我评估培养非英语专业大学生自主学习能力[J]. 黑龙江教育学院学报，2009，（8）.

[80] Bandura, A. Self-efficacy toward a unifying theory of behavior change[J]. Psychological Review, 1977,（84）: 191-215.

[81] Edwin Gentler. Contemporary Translation Theories[M]. London: Rutledge Inc., 1993.

[82] Harmer, J. The Practice of English Language Teaching. [M]. London: Longman, 1990.

[83] Littlewoods, William. An Autonomy and a Framework[J]. System, 1996, (4).

[84] Nunan, David. "Designing and Adapting Materials to Encourage Learner Autonomy" [A]. Autonomy and Independence in Language Learning. ed. Benson, Phil and Voller, []Peter, London: Longman, 1997.

[85] Rita Dunn. Teaching Students to Read Through Their Individual Learning

Styles[M]. NJ: Prentice Hall, 1986.

[86] Stern, H. H. Fundamental Concepts of Language Teaching[M]. Oxford: OUP, 1999.

[87] Wilkins, David A. Linguistics in Language Teaching[M]. Cambridge: MIT Press, 1972.